उर्दू के मशहूर शायर

अहमद फ़राज़

और उनकी चुनिंदा शायरी

सम्पादक

नरेंद्र गोविंद बहल

डायमंड बुक्स

www.diamondbook.in

प्रकाशक: डायमंड पॉकेट बुक्स (प्रा.) लि.

X-30 ओखला इंडस्ट्रियल एरिया, फेज-II

नई दिल्ली- 110020

फोन   :   011-40712200

ई-मेल   :   sales@dpb.in

वेबसाइट :   www.diamondbook.in

Urdu Ke Mashhoor Shayar Ahmad Faraz Aur Unki Chuninda Shayari

Ed. By - *Narender Govind Behl*

दो शब्द

पाकिस्तानी शायरी ही नहीं जब समय उर्दू शायरी की बात होती है, तो अहमद फ़राज़ का नाम बड़े आदर और सम्मान के साथ लिया जाता है। हिन्द-

-ओ-पाक के उर्दू शायरों में जो ख्याति अहमद फ़राज़ को मिली है, वह फ़िराक़ के बाद पूरे एशिया महाद्वीप में शायद ही किसी को मिली हो।

अब के हम बिछड़े तो शायद कभी ख्वाबों में मिलें
जिस तरह सूखे हुए फूल किताबों में मिलें

जैसा मशहूर और बेमिसाल शे'र कहने वाले अहमद फ़राज़ के दर्जनों शे'र हिन्दी-उर्दू के पाठकों और श्रोताओं को जबान पर चढ़े हुए हैं। मुहावरे और लोकोक्तियाँ बन चुके उनके शेर जिन लोगों की स्मृति में बसे हुए हैं, उनमें से बहुत-से लोग उन्हें न हिंदुस्तान का जानते हैं, न पाकिस्तान का। न हिन्दी का जानते हैं, न उर्दू का। वे सिर्फ इतना जानते हैं कि अहमद फ़राज़ एक ऐसा शायर है जो उनकी अपनी ज़बान में शे'र कहता है।

किस-किस को बताएंगे जुदाई का सबब हम
तू मुझसे खफा है तो ज़माने के लिए आ

हुई है शाम तो आँखों में बस गया फिर तू
कहाँ गया है मिरे शहर के मुसाफ़िर तू

समकालीन उर्दू ग़ज़ल को नई शोखी और नया अंदाज देने वालों में अहमद फ़राज़ की भूमिका बहुत महत्वपूर्ण है। यूँ तो अहमद फ़राज़ की नज़्में भी कम प्रभावशाली नहीं हैं, लेकिन उन्हें प्रतिष्ठा एक ग़ज़लगो शायर के रूप में ही प्राप्त है।

अहमद फ़राज़ के कृतित्व में जैसा चुम्बकत्व है, वैसा ही उनके व्यक्तित्व में भी है। पिछले वर्ष दिल्ली में उनसे मुलाकात हुई। काफी देर बातें हुई। उनसे उनकी जिन्दगी के अनुभवों को सुनना तपते रेगिस्तान में बारिश की छींटें गिरने के एहसास जैसा है। बोले-

मोहब्बत अपना-अपना तज़्रबा है
यहाँ फ़रहाद-ओ-मजनूँ मो'तब्र नहीं

फिर 'पाकिस्तानी शायरी' शृंखला के लिए उनसे बात हुई। उन्होंने वादा किया। आज के शायरों में संभवत: सर्वाधिक व्यस्त और दुनियाभर के देशों में अपनी शायरी के माध्यम से अमन और मोहब्बत का परचम फहराने वाले अहमद फ़राज़ से सम्पर्क कर पाना भी आसान नहीं होता। हमारे प्रकाशक मित्र श्री नरेन्द कुमार जी ने पाकिस्तान तक अहमद फ़राज़ का पीछा किया और उनके दोस्त हो गये। फिर तमाम फोन और ई-मेल। अंतत: ख्वाब फ़रोश की पांडुलिपि उन्होंने भेज दी। इसमें चयन खद अहमद फ़राज़ का है। मैंने सिर्फ लिप्यंतरण किया है। एक शायर के खुद के इन्तिख़ाब की बात ही और होती है।

बहरहाल, ख्वाब फ़रोश पाठकों के समक्ष है। देवनागरी में प्रकाशित अहमद फ़राज़ के दूसरे संकलनों से यह संकलन कई पहलुओं से महत्वपूर्ण और उल्लेखनीय साबित होगा। ऐसा मुझे यकीन है।

प्रकाशकीय

नरेन्द्र गोविन्द बहल उर्दू और हिन्दी कविता में गहन रुचि रखते है जिसके कारण उन्होंने अधिकतर मुशायरों व कवि सम्मेलनों में शिरकत की थी, इन्हीं आयोजनों की वजह से उन्हें साहित्य लेखन का भी शौक पैदा हुआ। लेखक की विभिन्न विषयों पर अब तक 60 से अधिक पुस्तकें प्रकाशित हो चुकी हैं। लालकिले में होने वाले कवि सम्मेलन और मुशायरों से कविता-शायरी के प्रति प्रेम बढ़ा और वहीं से उन्होंने उन्हें कविता लिखना भी प्रारंभ कर दिया था। कविता, गीत, गजल, शायरी को समझने के लिए उर्दू के मशहूर शायरों के जीवन के बारे में जानने के लिए उर्दू भाषा सीखी।

जब लेखक साहिर लुधियानवी, कैफ़ी आज़मी, जान-ए-सार अख्तर, अली सदार जाफरी, मजाज, नरेश कुमार 'शाद' आदि शायरों से मिले तो उनका पाठकीय दृष्टिकोण बदलने लगा और उन्होंने गालिब, फैज़, जफ़र, दाग आदि रचनाकारों को भी पढ़ना शुरू किया। इन शायरों को पढ़ते हुए लेखक के मन में एक उत्साह पैदा हुआ कि इन शायरों की पुस्तकें संपादित की जाएं। यह पुस्तक भी इसी उत्साह का नतीजा है।

डायमंड बुक्स प्रस्तुत करता है उर्दू के मशहूर शायर और उनकी चुनिंदा शायरी। इस सीरीज़ में नये पुराने शायरों की प्रसिद्ध एवं चुनिंदा शायरी का संकलन प्रकाशित किया है। इस सीरिज की प्रमुख पुस्तकें इस प्रकार हैं :-

फ़ैज़	ग़ालिब	निदा फाजली
क़तील शिफ़ाई	अख़्तर शीरानी	बशीर बद्र
जोश मलिहाबादी	ज़ौक़	बेकल उत्साही
शक़ील बदायूंनी	अकबर इलाहाबादी	परवीन शाकिर
मीर	नज़ीर अकबराबादी	कैफ़ी आज़मी
मोमिन ख़ां 'मोमिन'	फ़िराक़ गोरखपुरी	जॉ निसार अख़्तर
साहिर लुधियानवी	इफ़्तिख़ार आरिफ़	अली काज़मी
मजाज़	मजरुह सुल्तानपुरी	कॅंअर बेचैन
इक़बाल	अहमद फराज	माणिक वर्मा
ज़फ़र	दर्द	अली सरदार जाफरी
दाग़	नरेश कुमार शाद	मिज़ां रफ़ी 'सौदा'
अदा जाफरी	मुश्ताक अहमद	असग़र गोंडवी
शाहिद मीर	मंज़ूर हाशमी	चमन लाल चमन
मुज़फ़्फ़र वारसी	निश्तर ख़ानक़ाही	राम अवतार बैरवा
वसीम बरेलवी	हरिराज सिंह नूर	रामदरश मिश्र
आलम खुर्शिद	अमजद इस्लाम अमजद	महताब हैदर नक़वी
शहरयार		

मनीष वर्मा

manish@dpb.in

अनुक्रम

न अब ज़वाज़ न मौका है हाथ मलने का

न अब ज़वाज़[1] न मौक़ा है हाथ मलने का
हमीं को शौक़ रहा रास्ते बदलने का

पहुँचे गए सरे मंज़िल बख़ूबिए किस्मत
मगर वो लुत्फ कहाँ साथ-साथ चलने का

वो साअतें[2] तो हवाओं के साथ जा भी चुकीं
नज़र में अब भी है मंज़र चिराग जलने का

वो सर्द-मेह[3] सही पर निगाहे-लुत्फ़ के बाद
'फ़राज़' देखो समाँ बर्फ के पिघलने का।

---

1. जायज 2. क्षण 3. ठंडा प्रेम

न इंतज़ार की लज़्ज़त न आरज़ू की थकन

न इंतज़ार की लज़्ज़त न आरज़ू की थकन
बुझी हैं दर्द की शम्एँ कि सो गया है बदन

सुलग रही हैं न जाने किस आँच से आँखें
न आँसुओं की तलब है न रतजगों की जलन

दिले-फ़रेब-ज़दा[1] दावते-नज़र पे न जा
ये आज के क़दो-गेसू[2] हैं कल के दारो-रसन[3]

ग़रीबे-शह किसी साय-ए-शजर[4] में न बैठ
कि अपनी छाँव में ख़ुद जल रहे हैं सर्वो-समन[5]

बहारे-क़ुर्ब[6] से पहले उजाड़ देती हैं
जुदाइयों की हवाएँ मुहब्बतों के चमन

वह एक रात गुज़र भी गई मगर अब तक
विसाले-यार[7] की लज़्ज़त से टूटता है बदन

फिर आज शब तेरे क़दमों की चाप के हमराह
सुनाई दी है दिले-नामुराद की धड़कन

यह जुल्म देख कि तू जाने-शायरी है मगर
मेरी ग़ज़ल में तेरा नाम भी है जुर्मे-सुख़न[8]

अमीरे-शहर ग़रीबों को लूट लेता है
कभी ब-हीला-ए-मज़हब[9] कभी बनामे-वतन

हवाए-दहर[10] से दिल का चराग़ क्या बुझता
मगर 'फ़राज़' सलामत है यार का दामन

---

1. धोखा खाए 2. क़द व जुल्फ़ 3. फाँसी व रस्सी 4. पेड़ की छाया 5. सर्व-लंबा सुंदर पेड़ व यासमीन-फूल 6. समीपता की बहार 7. यार से मिलन 8. शायरी का जुर्म 9. धर्म के बहाने 10. दुनिया की हवा

जो सर भी कशीदा हो उसे दार करे है

जो सर भी कशीदा[1] हो उसे दार करे है
अग़यार[2] जो करते थे सो अब यार करे है

वो कौन सितमगर थे कि याद आने लगे हैं
तू कैसा मसीहा है कि बीमार करे है

अब रौशनी होती है कि घर जलता है देखें
शोला-सा तवाफ़े-दरो-दीवार[3] करे है

क्या दिल का भरोसा है कि यह सँभले कि न सँभले
क्यों ख़ुद को परेशाँ मेरा ग़मख्वार[4] करे है

है तर्के-ता'ल्लुक़ ही मदावाए-ग़मे-जाँ
पर तर्के-ता'ल्लुक़ तो बहुत ख़्वार[6] करे है

इस शहर में हो जुंबिशे-लब का किसे यारा[7]
याँ जुंबिशे-मिज़गाँ[8] भी गुनहगार करे है

तू लाख 'फ़राज़' अपनी शिकस्तों को छुपाए
यह चुप तो तेरे कर्ब का इज़हार करे है

---

1. खिंचा हुआ 2. गैर लोग 3. दरो-दीवार पर चकराना 4. ग़म बाँटनेवाला 5. जान के ग़म का इलाज 6.
अपमानित 7. होंठ हिलाने का साहस 8. पलकों का हिलना

दोस्त बनकर भी नहीं साथ निभाने वाला

दोस्त बन कर भी नहीं साथ निभानेवाला
वहीं अंदाज़ है ज़ालिम का ज़मानेवाला

अब उसे लोग समझते हैं गिरफ़्तार मेरा
सख़्त नादिम[1] है मुझे दाम[2] में लानेवाला

सुब्ह-दम छोड़ गया निकहते-गुल की सूरत[3]
रात को गुंच[4]-ए-दिल में सिमट आनेवाला

क्या कहें कितने मरासिम[5] थे हमारे उससे
वह जो एक शख़्स है मुँह फेर के जानेवाला

तेरे होते हुए आ जाती थी सारी दुनिया
आज तन्हा हूँ तो कोई नहीं आनेवाला

मुंतज़िर किसका हूँ टूटी हुई दहलीज़ पे मैं
कौन आएगा यहाँ कौन है आनेवाला

क्या ख़बर थी जो मेरी जाँ में घुला है इतना
है वही मुझको सरे-दार[6] भी लानेवाला

मैंने देखा है बहारों में चमन को जलते
है कोई ख़्वाब की ताबीर[7] बतानेवाला ?

तुम तकल्लुफ़ को भी इख़लास[8] समझते हो 'फ़राज़'
दोस्त होता नहीं हर हाथ मिलानेवाला

---

1. शर्मिंदा 2. जाल 3. फूल की ख़ुशबू की तरह 4. दिल की कली 5. संबंध 6. सूली पर 7. स्वप्न का अर्थ 8. प्रेम

गलियों में कैसा शोर था क्यों भीड़ सी...

गलियों में कैसा शोर था क्यों भीड़-सी मक़्तल में थी
क्या वस्फ़[1] उस शायर में था क्या बात उस पागल में थी

ऐसा सितम क्या हो गया एक राहरौ[2] था खो गया
फिर ज़िंदगी की शाम थी और शाम भी जंगल में थी

क्या-क्या हवा चलती रही यह लौ मगर जलती रही
क्या ज़ोर उस आँधी में थी क्या ताब इस मशअल[3] में थी

शोला-ब-दिल आतिश-ब-जाँ[4] फिरता रहा वो बे-अमाँ[5]
वर्ना सबा ज़ुल्फ़ों में थी वर्ना घटा काजल में थी

तरसी हुई आँखों में किन-किन साहिलों के ख़्वाब थे
पर कश्ती-ए-उम्र-रवाँ हालात की दलदल में थी

ख़लक़त ने आवाज़े कसे ता'ने दिए फ़तवे जड़े
वह सख़्त-जाँ हँसता रहा गो[6] ख़ुदकुशी पल-पल में थी

अपनी कशीदे-जाँ[7] से ही पीता रहा, जीता रहा
नशशा कहाँ सागर में था मस्ती कहाँ बोतल में थी

---

1. विशेषता 2. पथिक 3. मशाल 4. जान में आग लिये 5. आश्रयहीन 6. हालाँकि 7. जान से खींची गई (शराब)

जो भी दुख याद न था याद आया

जो भी दुख याद न था याद आया
आज क्या जानिए क्या याद आया

फिर कोई हाथ है दिल पर जैसे
फिर तेरा अहदे-वफ़ा याद आया

जिस तरह धुंध में लिपटे हुए फूल
एक-एक नक़्श तेरा याद आया

ऐसी मजबूरी के आलम में कोई
याद आया भी तो क्या याद आया

ऐ रफ़ीक़ो सरे-मंजिल[1] जा कर
क्या कोई आबला-पा[2] याद आया

याद आया था बिछड़ना तेरा
फिर नहीं याद कि क्या याद आया

जब कोई ज़ख़्म भरा दाग़ बना
जब कोई भूल गया याद आया

यह मुहब्बत भी है क्या रोग 'फ़राज़'
जिसको भूले वह सदा याद आया

---

1. मंज़िल पर 2. पाँव में छालों वाला

यूँ तो पहले भी हुए उससे कई बार जुदा

यूँ तो पहले भी हुए उससे कई बार जुदा
लेकिन अब के नज़र आते हैं कुछ आसार जुदा

गर ग़मे-सूदो-ज़ियाँ[1] है तो ठहर जा ऐ जाँ
कि इसी मोड़ पे यारों से हुए यार जुदा

दो घड़ी उससे रहो दूर तो यूँ लगता है
जिस तरह साया-ए-दीवार से दीवार जुदा

ये जुदाई की घड़ी है कि झड़ी सावन की
मैं जुदा गिरया-कुनाँ[2], अब्र[3] जुदा, यार जुदा

कजकुलाहों[4] से कहे कौन कि ऐ बेख़बरो
तौक़े-गर्दन[5] से नहीं तुर्रा-ए-दस्तार[6] जुदा

इस क़दर रूप हैं यारों के, कि ख़ौफ आता है
सरे-मयख़ाना जुदा और सरे-दरबार जुदा

कू-ए-जानाँ[7] में भी ख़ासा था तरहदार[8] 'फ़राज़'
लेकिन उस शख़्स की सज-धज थी सरे-दार[9] जुदा

---

1. लाभ व हानि की चिंता 2. रोता हुआ 3. बादल 4. तिरछी पगड़ी वाले, बाँके 5. दास के गले में डाला जानेवाला घेरा 6. पगड़ी का तुर्रा 7. महबूब की गली 8. बाँका 9. सूली पर

यह आलम शौक़ का देखा न जाए

यह आलम[1] शौक़ का देखा न जाए
वह बुत है या ख़ुदा देखा न जाए

यह किन नज़रों से तूने आज देखा
कि तेरा देखना देखा न जाए

हमेशा के लिए मुझसे बिछड़ जा
यह मंज़र बार-हा[2] देखा न जाए

ग़लत है जो सुना, पर आज़मा कर
तुझे ऐ बेवफ़ा देखा न जाए

यह महरूमी नहीं पासे-वफ़ा[3] है
कोई तेरे सिवा देखा न जाए

यही तो आशना[4] बनते हैं आख़िर
कोई ना-आशना देखा न जाए

यह मेरे साथ कैसी रौशनी है
कि मुझसे रास्ता देखा न जाए

'फ़राज़' अपने सिवा है कौन तेरा
तुझे तुझसे जुदा देखा न जाए

---

1. हालत 2. बार-बार 3. वफ़ा का लिहाज़ 4. परिचित

सितमगरी का हर अंदाज महमाना लगा

सितमगरी का हर अंदाज़ महरूमाना[1] लगा
मैं क्या करूँ मेरा दुश्मन मुझे बुरा न लगा

हर एक को ज़ोम[2] था किस-किस को नाख़ुदा[3] कहते
भला हुआ कि सफ़ीना[4] किनारे जा न लगा

मेरे सुख़न का क़रीना[5] डुबो गया मुझको
कि जिसको हाल सुनाया उसे फ़साना लगा

बरूने-दर[6] न कोई रौशनी न साया था
सभी फ़िसाद मुझे अंदरूने-ख़ाना लगा

मैं थक गया था बहुत पै-ब-पै[7] उड़ानों से
जभी तो दाम[8] भी इस बार आशियाना लगा

इस अह्दे-ज़ुल्म[9] में मैं भी शरीक हूँ जैसे
मेरा सुकूत[10] मुझे सख़्त मुजरिमाना लगा

वो लाख ज़ूद-फ़रामोश[11] हो 'फ़राज़' मगर
उसे भी मुझको भुलाने में इक ज़माना लगा

---

1. अपनों का 2. घमण्ड 3. मल्लाह 4. कश्ती 5. बात का ढंग 6. घर के बाहर 7. एक के बाद एक 8. जाल 9. अत्याचार का युग 10. ख़ामोशी 11. जल्दी भूलनेवाला

हमसे कहें कुछ दोस्त हमारे मत लिक्खो

हमसे कहें कुछ दोस्त हमारे मत लिक्खो
जान अगर प्यारी है प्यारे मत लिक्खो

हाकिम की तलवार मुक़द्दस[1] होती है
हाकिम की तलवार के बारे मत लिक्खो

कहते हैं यह दारो-रसन[2] का मौसम है
जो भी जिसकी गरदन मारे मत लिक्खो

लोग इलहाम[3] को भी इलहाद[4] समझते हैं
जो दिल पर विज्दान[5] उतारे मत लिक्खो

वह लिक्खो बस जो भी अमीरे-शह्र कहे
जो कहते हैं दर्द के मारे मत लिक्खो

ख़ुद मुंसिफ़[6] पा-बस्ता[7] हैं, लब-बस्ता[8] हैं
कौन कहाँ अब अर्ज़ गुज़ारे मत लिक्खो

कुछ एज़ाज़-रसीदा[9] हमसे कहते हैं
अपनी बयाज़[10] में नाम हमारे मत लिक्खो

दिल कहता है खुलकर सच्ची बात कहो
और लफ़्ज़ों के बीच सितारे मत लिक्खो

---

1. पवित्र 2. सूली-रस्सी 3. आकाशवाणी 4. अनास्था 5. दैवी संदेश 6. न्यायकर्ता 7. बँधे पाँव 8. बँधे होंठोंवाले 9. चमत्कार करनेवाले 10. शेर लिखने की कापी

ले उड़ा फिर कोई ख़याल हमें

ले उड़ा फिर कोई ख़याल हमें
साक़िया-साक़िया सँभाल हमें

रो रहे हैं कि एक आदत है
वरना इतना नहीं मलाल हमें

ख़िलवती[1] हैं तेरे जमाल के हम
आईने की तरह सँभाल हमें

मर्गे-अंबोह[2], जश्ने-शादी[3] है
मिल गए दोस्त हस्बे-हाल हमें

इख़्तलाफ़े-जहाँ[4] का रंज न था
दे गए मात हम-ख़याल हमें

क्या तवक़्क़ो[5] करें ज़माने से
हो भी गर जुरते-सवाल[6] हमें

हम यहाँ भी नहीं हैं ख़ुश लेकिन
अपनी महफ़िल से मत निकाल हमें

हम तेरे दोस्त हैं 'फ़राज़' मगर
अब न और उलझनों में डाल हमें

---

1. तन्हाई के साथी 2. भीड़ की मौत 3. ख़ुशी का मौक़ा 4. दुनिया के विरोध 5. आशा 6. माँगने का हौसला

अजब शह थे और अजब लोग थे

अजब शह थे और अजब लोग थे
सितम सूरतें थीं, ग़ज़ब लोग थे

फकीर इस गली के गदागर[1] बने
सरापा[2] तलब-बे-तलब लोग थे

वह काफ़िर अकेला खिला दार पर
नमाज़े-जनाज़ा में सब लोग थे

इन्हीं रास्तों पर कुलाहें गिरीं
इन्हीं रहगुज़ारों में जब लोग थे

न मक़्तल न मेला-तमाशा कोई
मगर जा-ब-जा[3] बे-सबब लोग थे

सभी सर-ब-सजदा[4] थे दरबार में
हम ऐसे कहाँ बे-अदब लोग थे

'फ़राज़' अपनी बरबादियों का सबब
न अब लोग हैं और न जब लोग थे

---

1. भिखारी 2. सर से पैर तक 3. जगह-जगह 4. सजदे में सर झुकाए

हर तमाशाई फ़क़त साहिल से मंज़र देखता

हर तमाशाई फ़क़त साहिल से मंज़र देखता
कौन दरिया को उलटता कौन गौहर[1] देखता

वो तो दुनिया को मेरी दीवानगी ख़ुश आ गई
तेरे हाथों में वगरना पहला पत्थर देखता

आँख में आँसू जड़े थे पर सदा तुझको न दी
इस तवक़्को पर कि शायद तू पलटकर देखता

मेरी क़िस्मत की लकीरें मेरे हाथों में न थीं
तेरे माथे पर कोई मेरा मुक़द्दर देखता

ज़िंदगी फैली हुई थी शामे-हिज्राँ[2] की तरह
किसको इतना हौसला था कौन जीकर देखता

डूबनेवाला था और साहिल[3] पे चेहरों का हुजूम
पल की मोहलत थी मैं किसको आँख भरकर देखता

तू भी दिल को इक लहू की बूँद समझा है 'फ़राज़'
आँख अगर होती तो क़तरे में समंदर देखता

---

1. हीरे 2. विरह की शाम 3. किनारा

अपनी ही आवाज़ को बेशक कान में रखना

अपनी ही आवाज़ को बेशक कान में रखना
लेकिन शह की ख़ामोशी भी ध्यान में रखना

मेरे झूठ को खोलो भी और तोलो भी तुम
लेकिन अपने सच को भी मीज़ान[1] में रखना

कल तारीख़[2] यक़ीनन ख़ुद को दोहराएगी
आज के इक-इक मंज़र को पहचान में रखना

बज़्म में यारों की शमशीर[3] लहू में तर है
रज़्म[4] में लेकिन तलवारों को म्यान में रखना

आज तो ऐ दिल तर्के-तआल्लुक़[5] पर तुम ख़ुश हो
कल के पछतावे को भी इमकान[6] में रखना

इस दरिया से आगे एक समंदर भी है
और वो बे-साहिल है, यह भी ध्यान में रखना

इस मौसम में गुलदानों की रस्म कहाँ है
लोगो अब फूलों को आतिशदान में रखना

---

1. तराज़ू 2. इतिहास 3. तलवार 4. युद्ध 5. संबंधविच्छेद 6. संभावना

हर दवा दर्द को बढ़ा ही दे

हर दवा दर्द को बढ़ा ही दे
अब तो ऐ दिल उसे भुला ही दे

लुटनेवाले से यों गुरेज़ न कर
क्या ख़बर वह तुझे दुआ ही दे

जिसके चेहरे पे मेरी आँखें हैं
वह मुझे ता'ने-कम-निगाही[1] दे

यह भी एक शेवा-ए-रिफ़ाक़त[2] है
जानेवालों को रास्ता ही दे

जाँकनी के अज़ाब[3] से निकलूँ
आख़िरी तीर भी चला ही दे

अब तो जैसे 'फ़राज़' बादे-मुराद[4]
ज़िंदगी का दिया बुझा ही दे

---

1. दूर दृष्टि की कमी पर व्यंग्य 2. दोस्ती का ढंग 3. जान निकलते समय की यातना 4. इच्छा पूरी करनेवाली हवा

हम तो यों ख़ुश थे कि एक तार गिरेबान में है

हम तो यों ख़ुश थे कि एक तार गिरेबान में है
क्या ख़बर थी कि बहार उसके भी अरमान में है

एक ज़रब[1] और भी ऐ ज़िंदगि-ए-तेशा बदस्त[2]
साँस लेने की सकत अब भी मेरी जान में है

मैं तुझे खो के भी ज़िंदा हूँ यह देखा तूने
किस क़दर हौसला हारे हुए इनसान में है

फ़ासले क़ुर्ब[3] के शोलों को हवा देते हैं !
मैं तेरे शह से दूर और तू मेरे ध्यान में है

सरे दीवार फ़रोज़ाँ है अभी एक चराग़
ऐ नसीमे-सहरी[4] ! कुछ तेरे इमकान[5] में है ?

दिल धड़कने की सदा आती है गाहे-गाहे[6]
जैसे अब भी तेरी आवाज़ मेरे कान में है

ख़लक़ते-शह[7] के हर ज़ुल्म के बावस्फ़[8] 'फ़राज़'
हाय वह हाथ कि अपने ही गिरेबान में है

---

1. चोट 2. कुदाल हाथ में 3. निकटता 4. सुबह की हवा 5. संभावना 6. कभी-कभी 7.
नगरवासी 8.बावज़ूद

हर कोई जाती हुई रुत का इशारा जाने

हर कोई जाती हुई रुत का इशारा जाने
"गुल न जाने भी क्या तो बाग तो सारा जाने"[1]

किसको बतलाएँ कि आशोबे-मुहब्बत[2] क्या है
जिस पे गुज़री हो वही हाल हमारा जाने

जान निकली किसी बिस्मिल[3] की न सूरज निकला
बुझ गया क्यों शबे-हिज्राँ[4] का सितारा जाने

जो भी मिलता है हमीं से वो गिला करता है
कोई तो सूरते-हालात ख़ुदारा[5] जाने

दोस्त अहबाब तो रह-रह के गले मिलते हैं
किसने खंजर मेरे सीने में उतारा जाने

तुझसे बढ़कर कोई नादाँ नहीं होगा कि 'फ़राज़'
दुश्मने-जाँ को भी तू जान से प्यारा जाने

---

1. 'मीर' की मशहूर पंक्ति या मिस्रा 2. प्रेमरोग 3. जख्मी 4. विरह की रात 5. ख़ुदा के वास्ते

तुम ज़माना-आश्ना तुमसे ज़माना आश्ना

तुम ज़माना-आश्ना[1] तुमसे ज़माना आश्ना
और हम अपने लिए भी अजनबी ना-आश्ना

रास्ते भर की रिफ़ाक़त भी बहुत है जाने-मन
वरना मंज़िल पर पहुँचकर कौन किसका आश्ना

अब के ऐसी आँधियाँ उट्ठीं कि सूरज बुझ गए
हाय वो शमएँ कि झोंकों से भी थीं ना-आश्ना

मुद्दतें गुज़रीं इसी बस्ती में लेकिन अब तलक
लोग ना-वाक़िफ़[2], फ़ज़ा बेगाना, हम ना-आश्ना

हम भरे शहरों में भी तन्हा हैं जाने किस तरह
लोग वीरानों में कर लेते हैं पैदा आश्ना

ख़ल्क़[3] शबनम के लिए दामन-कुशा[4] सहराओं में
क्या ख़बर अब्रे-करम है सिर्फ़ दरिया-आश्ना

अपनी बरबादी पे कितने ख़ुश थे हम लेकिन 'फ़राज़'
दोस्त दुश्मन का निकल आया है अपना आश्ना

---

1. दुनिया से परिचित 2. अपरिचित 3. सृष्टि 4. दामन फैलाए

मिज़ाज हमसे ज़्यादा जुदा न था उसका

मिज़ाज हमसे ज़्यादा जुदा न था उसका
जब अपने तौर यही थे तो क्या गिला उसका

वो अपने ज़ोम में था बेख़बर रहा मुझसे
उसे गुमाँ भी नहीं मैं नहीं रहा उसका

वह बर्फ़-रौ[1] था मगर रह गया कहाँ जाने
अब इंतज़ार करेंगे शिकस्ता-पा[2] उसका

चलो यह सैले-बला-ख़ेज़[3] ही बने अपना
सफ़ीना[4] उसका, ख़ुदा उसका, नाख़ुदा[5] उसका

ये अहे-दर्द भी किसकी दुहाई देते हैं
वो चुप भी हो तो ज़माना है हम-नवा[6] उसका

हमीं ने तर्के-ता'ल्लुक़ में पहल की कि 'फ़राज़'
वो चाहता था मगर हौसला न था उसका

---

1. बिजली जैसा तेज़ रफ़्तार 2. टूटे पाँवों वाले 3. मुसीबतों का सैलाब 4. कश्ती 5. मल्लाह 6. समर्थक

क्या ऐसे कम-सुख़न से कोई गुफ़्तगू करे

क्या ऐसे कम-सुख़न से कोई गुफ़्तुगू करे
जो मुस्तक़िल सुकूत[1] से दिल को लहू करे

अब तो हमें भी तर्के-मरासिम[2] का दुख नहीं
पर दिल यह चाहता है कि आग़ाज़ तू करे

तेरे बग़ैर भी तो ग़नीमत[3] है ज़िंदगी
ख़ुद को गँवा के कौन तेरी जुस्तजू करे

अब तो यह आरज़ू है कि वह ज़ख़्म खाइए
ता-ज़िंदगी[4] यह दिल न कोई आरजू करे

तुझको भुला के दिल है वो शर्मिंद-ए-नज़र
अब कोई हादसा[5] ही तेरे रू-ब-रू[6] करे

चुपचाप अपनी आग में जलता रहा 'फ़राज़'
दुनिया तो अर्ज़े-हाल से बे-आबरू करे

---

1. चुप्पी 2. संबंध-विच्छेद 3. ठीक 4. जीने तक 5. दुर्घटना 6. समक्ष

हुई है शाम तो आँखों में बस गया फिर तू

हुई है शाम तो आँखों में बस गया फिर तू
कहाँ गया है मेरे शहर के मुसाफ़िर तू

मेरी मिसाल कि एक नख़्ले-ख़ुश्के-सहरा[1] हूँ
तेरा खयाल कि शाख़े-चमन का तायर[2] तू

मैं जानता हूँ कि दुनिया तुझे बदल देगी
मैं मानता हूँ कि ऐसा नहीं ब-ज़ाहिर तू

हँसी-ख़ुशी से बिछड़ जा अगर बिछड़ना है
ये हर मुक़ाम पे क्या सोचता है आख़िर तू

फ़ज़ा उदास है रुत मुज़महिल[3] है मैं चुप हूँ
जो हो सके तो चला आ किसी की ख़ातिर तू

'फ़राज़' तूने उसे मुश्किलों में डाल दिया
ज़माना साहिबे-ज़र[4] और सिर्फ़ शायर तू

---

1. रेगिस्तान का सूखा पेड़ 2. चमन की डाली का परिंदा 3. ग़मगीन 4. धनवान

जहाँ के शोर से घबरा गए क्या

जहाँ के शोर से घबरा गए क्या
तुम अपने घर को वापस आ गए क्या ?

यहाँ कुछ आशना[1] सी बस्तियाँ थीं
जज़ीरों[2] को समंदर खा गए क्या ?

न थी इतनी कड़ी ताज़ा मुसाफ़त[3]
पुराने हमसफ़र याद आ गए क्या ?

मेरी गर्दन में बाँहें डाल दी हैं
तुम अपने आपसे उकता गए क्या ?

नहीं आया मेरा जाने-बहाराँ
दरख़्तों पर शगूफ़े[4] आ गए क्या ?

जहाँ मेला लगा है क़ातिलों का
'फ़राज़' उस शह में तनहा गए क्या ?

---

1. जानी-पहचानी 2. द्वीपों 3. यात्रा 4. कलियाँ

अब शौक़ से कि जाँ से गुज़र जाना चाहिए

अब शौक़ से कि जाँ से गुज़र जाना चाहिए
बोल ऐ हवाए-शह ! किधर जाना चाहिए

कब तक उसी को आख़री मंज़िल कहेंगे हम
कू-ए-मुराद[1] से भी उधर जाना चाहिए

वो वक़्त आ गया है कि साहिल को छोड़कर
गहरे समंदरों में उतर जाना चाहिए

अब रफ़्तगाँ[2] की बात नहीं कारवाँ की है
जिस सिम्त[3] भी हो गर्दे-सफ़र जाना चाहिए

कुछ तो सबूते-ख़ूने-तमन्ना कहीं मिले
है दिल तही[4] तो आँख को भर जाना चाहिए

या अपनी ख़्वाहिशों को मुक़द्दस[5] न जानते
या ख़्वाहिशों के साथ ही मर जाना चाहिए

---

1. मुराद मिलनेवाला कूचा 2. जा चुके लोगो 3. दिशा 4. ख़ाली 5. पवित्र

ऐसे चुप हैं कि यह मंज़िल भी कड़ी हो जैसे

ऐसे चुप हैं कि यह मंज़िल भी कड़ी हो जैसे
तेरा मिलना भी जुदाई की घड़ी हो जैसे

अपने ही साये से हर गाम[1] लरज़ जाता हूँ
रास्ते में कोई दीवार खड़ी हो जैसे

कितने नादाँ हैं तेरे भूलने वाले कि तुझे
याद करने के लिए उम्र पड़ी हो जैसे

तेरे माथे की शिकन[2] पहले भी देखी थी मगर
यह गिरह अब के मेरे दिल में पड़ी हो जैसे

मंज़िलें दूर भी हैं मंज़िलें नज़दीक भी हैं
अपने ही पाँव में जंजीर पड़ी हो जैसे

आज दिल खोल के रोए हैं तो यों ख़ुश हैं 'फ़राज़'
चंद लम्हों की यह राहत भी बड़ी हो जैसे

---

1. रास्ता 2. सिलवट

बदन में आग है चेहरा गुलाब जैसा है

बदन में आग है चेहरा गुलाब जैसा है
कि ज़हरे-ग़म का नशा भी शराब जैसा है

वो सामने है मगर तिश्नगी[1] नहीं जाती
यह क्या सितम है कि दरिया सराब[2] जैसा है

कहाँ वो क़ुर्ब[3] कि अब तो ये हाल है जैसे
तेरे फ़िराक़[4] का आलम भी ख़्वाब जैसा है

मगर कभी कोई देखे कोई पढ़े तो सही
दिल आईना है तो चेहरा गुलाब जैसा है

बहारे-ख़ूँ से चमन-ज़ार[5] बन गए मक़्तल[6]
जो नख़्ले-दार[7] है शाख़े-गुलाब जैसा है

'फ़राज़' संगे-मलामत[8] से ज़ख़्म-ज़ख़्म सही
हमें अज़ीज़ है खाना-ख़राब जैसा है

---

1. प्यास 2. मृगमरीचिका 3. नज़दीकी 4. जुदाई 5. गुलशन 6. वधस्थल 7. सूली का पेड़ 8. गालियों
के पत्थर

अपनी मुहब्बत के अफ़साने कब तक

अपनी मुहब्बत के अफ़साने कब तक राज़ बनाओगे
रुसवाई से डरनेवालो बात तुम्हीं फैलाओगे

उसका क्या है तुम न सही तो चाहनेवाले और बहुत
तर्के-मुहब्बत[1] करनेवालो ! तुम तन्हा रह जाओगे

हिज्र के मारों की ख़ुश-फ़हमी ! जाग रहे हैं पहरों से
जैसे यों शब कट जाएगी जैसे तुम आ जाओगे

ज़ख़्मे-तमन्ना का भर जाना गोया[2] जान से जाना है
उसका भुलाना सह्ल नहीं है ख़ुद को भी याद आओगे

छोड़ो अहदे-वफ़ा[3] की बातें क्यों झूठे इक़रार करें
कल मैं भी शर्मिंदा हूँगा कल तुम भी पछताओगे

रहने दो यह पिंदो[4]-नसीहत हम भी 'फ़राज़' से वाक़िफ़ हैं
जिसने ख़ुद सौ ज़ख़्म सहे हों उसको क्या समझाओगे

---

1. प्रेम-विच्छेद 2. जैसे 3. वफ़ा का प्रण 4. उपदेश

नज़र बुझी तो करिश्मे भी रोज़ो-शब के गए

नज़र बुझी तो करिश्मे भी रोज़ो-शब के गए
कि अब तलक नहीं आए हैं लोग जब के गए

सुनेगा कौन तेरी बेवफ़ाइयों का गिला
यही है रस्मे-ज़माना तो हम भी अब के गए

मगर किसी ने हमें हमसफ़र नहीं जाना
ये और बात कि हम साथ-साथ सब के गए

अब आए हो तो यहाँ क्या है देखने के लिए
ये शह कब से है वीराँ वो लोग कब के गए

गिरफ़्ता दिल[1] थे, मगर हौसला न हारा था
गिरफ़्ता दिल हैं, मगर हौसले भी अब के गए

तुम अपनी शमए-तमन्ना को रो रहे हो 'फ़राज़'
इन आँधियों में तो प्यारे चराग़ सब के गए

---

1. दिल की पकड़ में

तू पास भी हो तो दिल बेक़रार अपना है

तू पास भी हो तो दिल बेक़रार अपना है
कि हमको तेरा नहीं इंतज़ार अपना है

मिले कोई भी तेरा ज़िक्र छेड़ देते हैं
कि जैसे सारा जहाँ राज़दार अपना है

वह दूर हो तो बजा तर्के-दोस्ती[1] का ख़याल
वह सामने हो तो कब इख़्तियार अपना है

ज़माने भर के दुखों को लगा लिया दिल से
इस आसरे पे कि एक ग़मगुसार अपना है

बला से जाँ का ज़ियाँ[2] हो इस एतमाद[3] की ख़ैर
वफ़ा करे न करे फिर भी यार अपना है

'फ़राज़' राहते-जाँ[4] भी वही है क्या कीजे
वह जिसके हाथ से सीना फ़िगार[5] अपना है

ज़ुल्फ़ रातों-सी है रंगत है उजालों जैसी

ज़ुल्फ़ रातों-सी है रंगत है उजालों जैसी
पर तबीयत है वही भूलनेवालों जैसी

इक ज़माने की रिफ़ाक़त[1] पे भी रम-ख़ुर्दा[2] है
उस कम-आमेज़[3] की ख़ू-बू[4] है ग़िज़ालों[5] जैसी

ढूँढ़ता फिरता हूँ लोगों में शबाहत उसकी
कि वो ख़्वाबों में भी लगती है ख़यालों जैसी

किस दिल-आज़ार मुसाफ़त[6] से मैं लौटा हूँ कि है
आँसुओं में भी तपक पाँव के छालों जैसी

उसकी बातें भी दिल-आवेज़ हैं सूरत की तरह
मेरी सोचें भी परीशाँ मेरे बालों जैसी

उसकी आँखों को कभी गौर से देखा है 'फ़राज़'
रोनेवालों की तरह जागनेवालों जैसी

---

1. दोस्ती 2. वहशत खानेवाला 3. कम मेल-जोल वाला 4. प्रकृति 5. हिरनों 6. यात्रा

फिर उसी रहगुज़ार पर शायद

फिर उसी रहगुज़ार पर शायद
हम कभी मिल सकें मगर शायद

जिनके हम मुंतज़िर रहे उनको
मिल गए और हमसफ़र शायद

जान-पहचान से भी क्या होगा
फिर भी ऐ दोस्त गौर कर ! शायद

अजनबियत की धुंध छट जाए
चमक उठे तेरी नज़र शायद

ज़िंदगी भर लहू रुलाएगी
यादे-याराने-बेख़बर शायद

जो भी बिछड़े वो कब मिले हैं 'फ़राज़'
फिर भी तू इंतज़ार कर शायद

जो रंजिशें थीं जो दिल में गुबार था न गया

जो रंजिशें थीं जो दिल में गुबार था न गया
कि अबकी बार गले मिल के भी गिला न गया

अब उसके वादा-ए-फ़र्दा[1] को भी तरसते हैं
कल उसकी बात पे क्यूँ एतबार आ न गया

अब उसके हिज्र[2] में रोएँ न वस्ल[3] में ख़ुश हों
वो दोस्त हो भी तो समझो कि दोस्ताना गया

निगाहे-यार का क्या है, हुई हुई न हुई
ये दिल का दर्द है प्यारे गया गया, न गया

सभी को जान थी प्यारी सभी थे लब-बस्ता[4]
बस इक 'फ़राज़' था ज़ालिम से चुप रहा न गया

---

1. कल का वादा 2. विरह 3. मिलन 4. होंठ बंद किए

तुम भी ख़फ़ा हो लोग भी बरहम हैं दोस्तो

तुम भी ख़फ़ा हो लोग भी बरहम हैं दोस्तो
अब हो चला यक़ीं कि बुरे हम हैं दोस्तो

किसको हमारे हाल से निस्बत[1] है, क्या कहें
आँखें तो दुश्मनों की भी पुरनम[2] हैं दोस्तो

अपने सिवा हमारे न होने का ग़म किसे
अपनी तलाश में तो हमीं हम हैं दोस्तो

कुछ आज शाम ही से है दिल भी बुझा-बुझा
कुछ शह के चराग़ भी मद्धिम हैं दोस्तो

इस शह-आरज़ू से भी बाहर निकल चलो
अब दिल की रौनकें भी कोई दम हैं दोस्तो

सब कुछ सही 'फ़राज़' पर इतना ज़रूर है
दुनिया में ऐसे लोग बहुत कम हैं दोस्तो

---

1. लगाव 2. गीली

दर्द की राहें नहीं आसाँ ज़रा आहिस्ता चल

दर्द की राहें नहीं आसाँ ज़रा आहिस्ता चल
ऐ सुबुकरौ[1]-ए-हरीफ़े-जाँ[2] ज़रा आहिस्ता चल

मंज़िलों पर कुरब[3] का नश्शा (नशा) हवा हो जाएगा
हमसफ़र वो है तो ऐ नादाँ ज़रा आहिस्ता चल

ना-मुरादी[4] की थकन से जिस्म पत्थर हो गया
अब सकत[5] कैसी दिले वीराँ ज़रा आहिस्ता चल

हर थका हारा मुसाफ़िर रेत की दीवार है
ऐ हवाए-मंज़िले-जानाँ ज़रा आहिस्ता चल

इस नगर में जुल्फ का साया न दामन की हवा
ऐ गरीबे शहरे ना-पुरसा[6] ज़रा आहिस्ता चल

आबला पा तुझको किस हसरत से तकते हैं 'फ़राज़'
कुछ तो ज़ालिम पासे-हमराहाँ[7] ज़रा आहिस्ता चल

---

1. नाज़ुक 2. जान का दुश्मन 3. नजदीकी 4. नाकामी 5. शक्ति 6. हाल न पूछने वाला 7. साथ चलने वाला

यह जो नश्शे हैं सफ़र के न उतर जाएँ कहीं

यह जो नश्शे हैं सफ़र के न उतर जाएँ कहीं
कोई मंज़िल न सही सामने पर जाएँ कहीं

उसकी महफ़िल न सही हिज्र का सहरा ही सही
ख़्वाबो-ख़ुशबू की तरह आओ बिखर जाएँ कहीं

तुझको यह दुख कि मेरी चारागरी[1] कैसे हो
मुझको यह ग़म है मेरे ज़ख़्म न भर जाएँ कहीं

इस ख़ला[2] में तो ज़मीं टूट के याद आती है
कोई कुल्ज़िम[3] हो कि दलदल हो उतर जाएँ कहीं

घर से निकले थे कि दुनिया ने पुकारा था 'फ़राज़'
अब जो फ़ुर्सत मिले दुनिया से तो घर जाएँ कहीं

---

1. इलाज 2. अंतरिक्ष 3. समुद्र

अब वो झोंके कहाँ सबा जैसे

अब वो झोंके कहाँ सबा जैसे
आग है शह की हवा जैसे

शब सुलगती है दोपहर की तरह
चाँद, सूरज से जल बुझा जैसे

मुद्दतों बाद भी यह आलम है
आज ही तू जुदा हुआ जैसे

इस तरह मंज़िलों से हूँ महरूम[1]
मैं शरीके-सफ़र[2] न था जैसे

अब भी वैसी है दूरि-ए-मंज़िल
साथ चलता हो रास्ता जैसे

इत्तफ़ाक़न भी ज़िंदगी में 'फ़राज़'
दोस्त मिलते नहीं 'ज़िया'[3] जैसे

---

1. अभावग्रस्त 2. साथी 3. ज़ियाउद्दीन 'ज़िया'

अजीब रुत थी कि हर चंद पास था वह भी

अजीब रुत थी कि हर चंद पास था वह भी
बहुत मलूल[1] था मैं भी उदास था वह भी

किसी के शहर में की गुफ़्तगू हवाओं से
यह सोचकर कि कहीं आसपास था वह भी

हम अपने ज़ोम में ख़ुश थे कि उसको भूल चुके
मगर गुमान था यह भी क़यास[2] था वह भी

कहाँ का अब ग़मे-दुनिया कहाँ का अब ग़मे-जाँ
वो दिन भी थे कि हमें यह भी रास था वह भी

'फ़राज़' तेरे गिरेबाँ[3] पे कल जो हँसता था
उसे मिले तो दरीदा-लिबास[4] था वह भी

---

1. परेशान 2. अंदाज़ा 3. फटा गिरेबान इश्क़ अर्थात् व्यवस्था-विरोध का एक रूप माना जाता है 4.
फटा लिबास

कठिन है राहगुज़र थोड़ी दूर साथ चलो

कठिन है राहगुज़र थोड़ी दूर साथ चलो
बहुत कड़ा है सफ़र थोड़ी दूर साथ चलो

तमाम उम्र कहाँ कोई साथ देता है
यह जानता हूँ मगर थोड़ी दूर साथ चलो

नशे में चूर हूँ मैं भी तुम्हें भी होश नहीं
बड़ा मज़ा हो अगर थोड़ी दूर साथ चलो

यह एक शब की मुलाक़ात भी ग़नीमत है
किसे है कल की ख़बर थोड़ी दूर साथ चलो

अभी तो जाग रहे हैं चराग़ राहों के
अभी है दूर सहर थोड़ी दूर साथ चलो

तवाफ़े-मंज़िले-जानाँ[1] हमें भी करना है
'फ़राज़' तुम भी अगर थोड़ी दूर साथ चलो

---

1. महबूब के घर का चक्कर

कहा था किसने तुझे आबरू गँवाने जा

कहा था किसने तुझे आबरू गँवाने जा
'फ़राज़' और उसे हाले-दिल सुनाने जा

कल एक फ़क़ीर ने किस सादगी से मुझसे कहा
तेरी जबीं[1] को भी तरसेंगे आस्ताने[2] जा

उसे भी हमने गँवाया तेरी ख़ुशी के लिए
तुझे भी देख लिया है अरे ज़माने जा

बहुत है दौलते-पिंदार[3] फिर भी दीवाने
जो तुझसे रूठ चुका है उसे मनाने जा

सुना है उसने स्वयंवर की रस्म ताज़ा की
'फ़राज़' तू भी मुक़द्दर को आज़माने जा

---

1. माथे 2. मज़ार 3. घमण्ड की दौलत

करूँ न याद मगर किस तरह भुलाऊँ उसे

करूँ न याद मगर किस तरह भुलाऊँ उसे
ग़ज़ल बहाना करूँ और गुनगुनाऊँ उसे

वो खार-खार हैं शाखे गुलाब की मानिन्द[1]
मैं ज़ख़्म ज़ख़्म हूँ फिर भी गले लगाऊँ उसे

ये लोग तज़किरे[2] करते हैं अपने लोगों के
मैं कैसे बात करूँ और कहाँ से लाऊँ उसे

जो हमसफ़र सरे मंज़िल बिछड़ रहा है 'फ़राज़'
अजब नहीं कि अगर याद भी न आऊँ उसे

---

1. तरह 2. चर्चा

आँख से दूर न हो दिल से उतर जायेगा

आँख से दूर न हो दिल से उतर जाएगा
वक़्त का क्या है गुज़रता है गुज़र जाएगा

इतना मानूस[1] न हो ख़िलवते-ग़म[2] से अपनी
तू कभी ख़ुद को भी देखेगा तो डर जाएगा

डूबते-डूबते कश्ती को उछाला दे दूँ
मैं नहीं कोई तो साहिल पे उतर जाएगा

ज़िंदगी तेरी अता है तो यह जानेवाला
तेरी बख़्शिश तेरी दहलीज़ पे धर जाएगा

ज़ब्त लाज़िम है मगर दुख है क़यामत का 'फ़राज़'
ज़ालिम अब के भी न रोएगा तो मर जाएगा

---

1. परिचित 2. ग़म की तनहाई

दिल-गिरफ़्ता ही सही बज़्म सजा ली जाए

दिल-गिरफ़्ता[1] ही सही बज़्म सजा ली जाए
यादे-जानाँ से कोई शाम न ख़ाली जाए

रफ़्ता-रफ़्ता यही जिंदाँ[2] में बदल जाते हैं
अब किसी शह की बुनियाद न डाली जाए

मुस्हफ़े-रुख़[3] है किसी का कि बयाज़े-हाफ़िज़[4]
ऐसे चेहरे से कभी फ़ाल[5] निकाली जाए

वो मुरव्वत[6] से मिला है तो झुका दूँ गरदन
मेरे दुश्मन का कोई वार न ख़ाली जाए

बे-नवा[7] शह का साया है मेरे दिल पे 'फ़राज़'
किस तरह से मेरी आशुफ़्ता-ख़याली[8] जाए

---

1. उदास 2. जेल 3. चेहरे की किताब 4. फ़ारसी कवि 'हाफ़िज़' का दीवान 5. कोई काम करने से पहले शुभ-अशुभ जानने के लिए 'हाफ़िज़' के दीवान से फ़ाल निकाली जाती है 6. भलमनसाहत 7. शब्द-हीन 8. दीवानगी

जब भी दिल खोल के रोए होंगे

जब भी दिल खोल के रोए होंगे
लोग आराम से सोए होंगे

बाज़ औक़ात[1] ब-मजबूरि-ए-दिल
हम तो क्या आप भी रोए होंगे

सुब्ह तक दस्ते-सबा ने क्या क्या
फूल काँटों में पिरोए होंगे

वो सफ़ीने जिन्हें तूफ़ाँ न मिले
नाख़ुदाओं[2] ने डुबोए होंगे

रात-भर हँसते हुए तारों ने
उनके आरिज़[3] भी भिगोए होंगे

क्या अजब है वो मिले भी हों 'फ़राज़'
हम किसी ध्यान में खोए होंगे

---

1. कभी-कभी 2. मल्लाहों 3. गाल

इन्हीं ख़ुश गुमानियों में कहीं जाँ से भी न जाओ

इन्हीं ख़ुश-गुमानियों में कहीं जाँ से भी न जाओ
वो जो चारागर नहीं है उसे ज़ख़्म क्यों दिखाओ

ये उदासियों के मौसम यों ही रायगाँ[1] न जाएँ
किसी याद को पुकारो किसी दर्द को जगाओ

वो कहानियाँ अधूरी जो न हो सकेंगी पूरी
उन्हें मैं भी क्यों सुनाऊँ उन्हें तुम भी क्यों सुनाओ

ये जुदाइयों के रस्ते बड़ी दूर तक गए हैं
जो गया वह फिर न आया मेरी बात मान जाओ

किसी बेवफ़ा की ख़ातिर यह जुनूँ 'फ़राज़' कब तक
जो तुम्हें भुला चुका है उसे तुम भी भूल जाओ

---

1. बेकार

न दिल से आह न लब से सदा निकलती है

न दिल से आह न लब से सदा[1] निकलती है
मगर ये बात बड़ी दूर जा निकलती है

सितम तो यह है कि अहदे-सितम[2] के जाते ही
तमाम ख़ल्क़[3] मेरी हमनवा[4] निकलती है

विसाले-बह[5] की हसरत में जू-ए-कम-माया[6]
कभी-कभी किसी सहरा में जा निकलती है

मैं क्या करूँ मेरे क़ातिल न चाहने पर भी
तेरे लिए मेरे दिल से दुआ निकलती है

वो ज़िंदगी हो कि दुनिया 'फ़राज़' क्या कीजे
कि जिससे इश्क़ करो बेवफ़ा निकलती है

---

1. आवाज़ 2. अत्याचार का युग 3. जनता 4. साथ बोलनेवाली 5. समुद्र से मिलन 6. मामूली नहर

दौलते-दर्द को दुनिया से छुपाकर रखना

दौलते-दर्द को दुनिया से छुपाकर रखना
आँख में बूँद न हो दिल में समंदर रखना

कल गए गुज़रे ज़मानों का ख़याल आएगा
आज इतना भी न रातों को मुनव्वर[1] रखना

अपनी आशुफ़्ता मिज़ाजी पे हँसी आती है
दुश्मनी संग से और काँच के पैकर रखना

आस कब दिल को नहीं थी तेरे आ जाने की
पर न ऐसी कि क़दम घर से न बाहर रखना

ज़िक्र उसका सही बज़्म में बैठे हो 'फ़राज़'
दर्द कैसा ही उठे हाथ न दिल पर रखना

---

1. रौशन

दिल को अब यों तेरी हर एक अदा लगती है

दिल को अब यों तेरी हर एक अदा लगती है
जिस तरह नश्शे की हालत में हवा लगती है

रत-जगे ख़्वाबे-परेशाँ से कहीं बहतर हैं
लरज़ उठता हूँ अगर आँख ज़रा लगती है

ऐ रगे-जाँ के मकीं[1] तू भी कभी गौर से सुन
दिल की धड़कन तेरे क़दमों की सदा लगती है

गो दुखी दिल को बहुत हमने बचाया फिर भी
जिस जगह ज़ख़्म हो वाँ चोट सदा लगती है

शाख़े-उम्मीद पे खिलते हैं तलब के गुंचे
या किसी शोख़ के हाथों में हिना लगती है

तेरा कहना कि हमीं रौनके-महफ़िल हैं 'फ़राज़'
गो तअल्ली[2] है मगर बात ख़ुदा-लगती[3] है

---

1. निवासी 2. अतिशयोक्ति 3. सच्ची

चलो उसी से कहें दिल का हाल जो भी हो

चलो उसी से कहें दिल का हाल जो भी हो
वह चारागर तो है उसको ख़याल जो भी हो

उसी के दर्द से मिलते हैं सिलसिले जाँ के
उसी के नाम लगा दो मलाल जो भी हो

मरे न हार के हम 'क़ैसो'-'कोहकन' की तरह
अब आशिक़ी में हमारी मिसाल जो भी हो

ये रहगुज़र पे जो शमएँ दमकती जाती हैं
उसी का क़ामते-ज़बा[1] है चाल जो भी हो

'फ़राज़' उसने वफ़ा की कि बेवफ़ाई की
जवाबदेह तो हमीं हैं सवाल जो भी हो

---

1. अच्छा क़द

क़ुर्बतों में भी जुदाई के ज़माने माँगे

क़ुर्बतों में भी जुदाई के ज़माने माँगे
दिल वह बे-महर[1] कि रोने के बहाने माँगे

हम न होते तो किसी और के चर्चे होते
ख़लक़ते-शहर तो कहने को फ़साने माँगे

यही दिल था कि तरसता था मरासिम के लिए
अब यही तर्के-तआल्लुक़[2] के बहाने माँगे

अपना यह हाल कि जी हार चुके लुट भी चुके
और मुहब्बत वही अंदाज़ पुराने माँगे

ज़िंदगी हम तेरे दाग़ों से रहे शर्मिंदा
और तू है कि सदा आईना-ख़ाने[3] माँगे

दिल किसी हाल पे 'क़ाने'[4] ही नहीं जाने-'फ़राज़'[5]
मिल गए तुम भी तो क्या और न जाने माँगे

---

1. प्रेम न करनेवाला 2. संबंध विच्छेद 3. आईनों का घर 4. संतुष्ट 5. फ़राज़ की जान

लगा के ज़ख़्म बदन पर क़बाएँ देता है

लगा के ज़ख़्म बदन पर क़बाएँ देता है
यह शहरयार[1] भी क्या-क्या सज़ाएँ देता है

तमाम शह है मक़्तल उसी के हाथों से
तमाम शह उसी को दुआएँ देता है

कभी तो हमको भी बख़्शो वो अब्र का टुकड़ा
जो असमान को नीली रिदाएँ[2] देता है

जुदाइयों के ज़माने फिर आ गए शायद
कि दिल अभी से किसी को सदाएँ देता है

---

1. बादशाह 2. चादरें

ख़ामोश हो क्या दादे-ज़फा क्यों नहीं देते

ख़ामोश हो क्यों दादे-जफ़ा[1] क्यों नहीं देते
बिस्मिल[2] हो तो क़ातिल को दुआ क्यों नहीं देते

वहशत का सबब रौशने-ज़िंदाँ[3] तो नहीं है
महरो-महो-अंजुम[4] को बुझा क्यों नहीं देते

एक यह भी तो अंदाज़े-इलाजे-ग़मे-जाँ है
ऐ चारागरो[5], दर्द बढ़ा क्यों नहीं देते

मुंसिफ़[6] हो अगर तुम तो कब इंसाफ़ करोगे ?
मुजरिम हैं अगर हम तो सज़ा क्यों नहीं देते ?

रहज़न हो तो हाज़िर है मताए-दिलो-जाँ[7] भी
रहबर हो तो मंज़िल का पता क्यों नहीं देते

क्या बीत गई अब के 'फ़राज़' अहले-चमन पर
याराने-क़फ़स[8] मुझको सदा क्यों नहीं देते

---

1. अत्याचार का विरोध 2. जख़्मी 3. कारावास का रौशनदान 4. सूरज-चाँद-सितारे 5. उपचारको 6. न्यायप्रिय 7. दिलोजान की दौलत 8. साथी कैदी

दिल तो वह बर्गे-ख़िज़ाँ है कि हवा ले जाए

दिल तो वह बर्गे-ख़िज़ाँ[1] है कि हवा ले जाए
ग़म वह आँधी है कि सहरा[2] भी उड़ा ले जाए

कौन लाया तेरी महफ़िल में हमें होश नहीं
कोई आए तेरी महफ़िल से उठा ले जाए

और से और हुए जाते हैं मेयारे-वफ़ा[3]
अब मता-ए-दिलो-जाँ[4] भी कोई क्या ले जाए

जाने कब उभरे तेरी याद का डूबा हुआ चाँद
जाने कब ध्यान कोई हमको उड़ा ले जाए

यही आवारगि-ए-दिल है तो मंजिल मालूम
जो भी आए तेरी बातों में लगा ले जाए

दश्ते-ग़ुर्बत[5] में तुम्हें कौन पुकारेगा 'फ़राज़'
चल पड़ो ख़ुद ही जिधर दिल की सदा ले जाए

---

1. पतझड़ का पत्ता 2. रेगिस्तान 3. वफ़ा का मापदण्ड 4. दिल व जान की दौलत 5 घर से दूर जंगल

जब तेरी याद के जुगनू चमके

जब तेरी याद के जुगनू चमके
देर तक आँख में आँसू चमके

सख़्त तारीक[1] है दिल की दुनिया
ऐसे आलम[2] में अगर तू चमके

हमने देखा सरे-बाज़ारे-वफ़ा
कभी मोती कभी आँसू चमके

शर्त है शिद्दते-एहसासे-जमाल[3]
रंग तो रंग है ख़ुशबू चमके

आँख मजबूरे-तमाशा है 'फ़राज़'
एक सूरत है कि हर सू[4] चमके

---

1. अँधेरी 2. हालत 3. सौंदर्य-बोध 4. दिशा में

दश्ते-नामुरादी में साथ कौन था किसके

दश्ते-नामुरादी[1] में साथ कौन था किसके
मर्सिये[2] सुनाती है शह की हवा किसके

हम तो कल नहीं होंगे देखना कि महफ़िल में
अब सुख़न सुनाता है यारे-बेवफ़ा किसके

अह्दे-हिज्र[3] में यारो सबके हौसले मालूम
दिल पे हाथ था किसका, लब पे थी दुआ किसके

कल सलीबगर[4] जो था, कल सलीब पर जो था
आज नामलेवा हैं लोग जा-ब-जा[5] किसके

अब 'फ़राज़' तुझ पर भी एतबार क्या कीजे
इंतज़ार था किसका, साथ चल पड़ा किसके

---

1. नामुरादी का रेगिस्तान 2. शोकगीत 3. विरह के युग 4. सूली बनानेवाला 5. जगह-जगह

तुझे उदास किया ख़ुद भी सोगवार हुए

तुझे उदास किया ख़ुद भी सोगवार हुए
हम आप अपनी मुहब्बत से शर्मसार हुए

बला की रौ थी, नदीमाने-आबला-पा[1] की
पलट के देखना चाहा कि ख़ुद गुबार[2] हुए

गिला उसी का किया जिससे तुझपे हर्फ़ आया[3]
वगर्ना यों तो सितम हम पे बे-शुमार हुए

यह इंतक़ाम भी लेना था ज़िंदगी को अभी
जो लोग दुश्मने-जाँ थे वो ग़मगुसार[4] हुए

हज़ार बार किया तर्के-दोस्ती[5] का ख़याल
मगर 'फ़राज़' पशेमाँ[6] हर एक बार हुए

---

1. पाँवों में छालों वाले दोस्त 2. धूल 3. इल्ज़ाम आया 4. ग़म बाँटनेवाले 5. दोस्ती छोड़ना 6. शर्मिंदा

मुस्तक़िल महरूमियों पर भी तो दिल माना नहीं

मुस्तक़िल महरूमियों[1] पर भी तो दिल माना नहीं
लाख समझाया कि उस महफ़िल में अब जाना नहीं

ख़ुदफ़रेबी ही सही क्या कीजिए दिल का इलाज
तू नज़र फेरे तो हम समझें कि पहचाना नहीं

एक दुनिया मुंतज़िर है और तेरी बज़्म में
इस तरह बैठे हैं हम जैसे कहीं जाना नहीं

जी में जो आती है कर गुज़रो कहीं ऐसा न हो
कल पशेमाँ[2] हों कि क्यों दिल का कहा माना नहीं

ज़िंदगी पर इससे बढ़कर तंज़ क्या होगा 'फ़राज़'
उसका यह कहना कि तू शायर है दीवाना नहीं

---

1. नाक़ामी 2. शर्मिंदा

ऐ ख़ुदा आज उसे सबका मुक़द्दर कर दे

ऐ ख़ुदा आज उसे सबका मुक़द्दर कर दे
वो मुहब्बत कि जो इनसाँ को पयंबर[1] कर दे

सानिहे[2] वो थे कि पथरा गईं आँखें मेरी
ज़ख़्म ये हैं तो मेरे दिल को भी पत्थर कर दे

सिर्फ आँसू ही अगर दस्ते-करम[3] देता है
मेरी उजड़ी हुई आँखों को समंदर कर दे

मुझको साक़ी से गिला है तो तुनक-बख़्शी[4] का
ज़हर भी दे तो मेरे जाम को भर-भर कर दे

शौक़[5] अंदेशों[6] से पागल हुआ जाता है 'फ़राज़'
काश ये ख़ानाख़राबी[7] मुझे बेदर कर दे

---

1. पैग़ंबर 2. दुर्घटनाएँ 3. कृपा का हाथ 4. कम देना 5. इश्क़ 6. आशंकाओं 7. घर की बरबादी

यूँ तो कहने को बहुत लोग शनासा मेरे

यूँ तो कहने को बहुत लोग शनासा मेरे
कहाँ ले जाऊँ तुझे ऐ दिले तनहा मेरे

वही महदूद[1] सा हलक़ा[2] है शनासाई का
यही अहबाब मेरे हैं, यही आदा[3] मेरे

मैं तही-कासा[4]-ओ-लबतिश्ना[5] रहूँगा कब तक
तेरे होते हुए ऐ साहिबे-दरिया मेरे

मुझको इस अब्रे-बहारी[6] से है कब की निस्बत[7]
पर मुक़द्दर में वही प्यास के सहरा[8] मेरे

दीद[9]-ओ-दिल तो तिरे साथ हैं ऐ जाने 'फ़राज़'
अपने हमराह मगर ख़्वाब न ले जा मेरे

---

1. सीमित 2. दायरा 3. दुश्मन 4. ख़ाली प्याला 5. प्यासा 6. बहार का बादल 7. लगाव 8. रेगिस्तान
९ दृष्टि

नज़र की धूप में साये घुले हैं शब की तरह

नज़र की धूप में साये घुले हैं शब की तरह
मैं कब उदास नहीं था मगर न अब की तरह

फिर आज शहे-तमन्ना की रह-गुज़ारों से !
गुज़र रहे हैं कई लोग रोज़ो-शब[1] की तरह

तुझे तो मैंने बड़ी आरज़ू से चाहा था
यह क्या कि छोड़ चला तू भी और सब की तरह

फ़सुर्दगी[2] है मगर वजहे-ग़म नहीं मालूम
कि दिल पे बोझ-सा है रंजे-बे-सबब की तरह

खिले तो अब के भी गुलशन में फूल हैं लेकिन
न मेरे ज़ख़्म की सूरत, न तेरे लब की तरह

---

1. रात-दिन 2. उदासी

शोला था जल बुझा हूँ, हवाएँ मुझे न दो

शोला था जल बुझा हूँ, हवाएँ मुझे न दो
मैं कब का जा चुका हूँ, सदाएँ[1] मुझे न दो

जो ज़हर पी चुका हूँ तुम्हीं ने मुझे दिया
अब तुम तो ज़िंदगी की दुआएँ मुझे न दो

यह भी बड़ा करम है सलामत है जिस्म अभी
ऐ ख़ुसरवाने-शह[2], क़बाएँ[3] मुझे न दो

ऐसा न हो कभी कि पलटकर न आ सकूँ
हर बार दूर जा के सदाएँ मुझे न दो

कब मुझको एतराफ़े-मुहब्बत[4] न था 'फ़राज़'
कब मैंने ये कहा था, सज़ाएँ मुझे न दो

---

1. आवाज़ें 2. शहर के बादशाहो 3. सम्मानित लिबास 4. प्रेम का स्वीकार

रातें हैं उदास दिन कहे हैं

रातें हैं उदास दिन कड़े हैं
ऐ दिल तेरे हौसले बड़े हैं

ऐ यादे-हबीब[1] साथ देना
कुछ मरहले[2] सख़्त आ पड़े हैं

रुकना हो अगर तो सौ बहाने
जाना हो तो रास्ते बड़े हैं

अब कैसे बताएँ वज्हे-गिरिया[3]
जब आप भी साथ रो पड़े हैं

अब जाने कहाँ नसीब ले जाए
घर से तो 'फ़राज़' चल पड़े हैं

---

1. दोस्त की याद 2. चरण 3. रोने का कारण

जान की परवाह फिर किसको हो

जान की परवाह फिर किसको हो क़ातिल जब हो यारों सा
बातें हों दिलदारों जैसी, लहजा हो ग़मख़्वारों[1] सा

किसने कहा था बरखा रुत में यूँ बे-ध्यान अनजान फिरो
बूँद पड़े से और भी जैसे भड़के जिस्म अंगारों सा

आते-जाते सारे मौसम उससे निस्बत[2] रखते हैं
उसका हिज्र ख़िज़ाओं जैसा, उसका क़ुर्ब बहारों सा

अब के हवाएँ यूँ चलती हैं जैसे दिलों पर तीर चलें
अब के गुलाबों का मौसम भी वार करे तलवारों सा

बरसों बाद 'फ़राज़' को देखा, उसका हाल-अहवाल न पूछ
शे'र वही दिलवालों जैसे, शाग़ल[3] वही बंजारों सा

---

1. हमदर्दी 2. लगाव 3. शौक़

ये जानकर भी कि दोनों के रास्ते थे अलग

ये जानकर भी कि दोनों के रास्ते थे अलग
अजीब हाल था जब उससे हो रहे थे अलग

ये हर्फ़ो-लफ़्ज़ हैं दुनिया से गुफ़्तगू के लिए
किसी से हमसुख़नी[1] के मकालमे[2] थे अलग

ख़याल उनका भी आया कभी तुझे जानाँ
जो तुझसे दूर, बहुत दूर जी रहे थे अलग

हमीं नहीं थे, हमारी तरह के और भी लोग
अज़ाब[3] में थे जो दुनिया से सोचते थे अलग

अकेलेपन की अज़ीयत[4] का अब गिला कैसा
'फ़राज़' ख़ुद ही तो औरों से हो गए थे अलग

---

1. बातचीत 2. संवाद 3. यातना 4. यंत्रणा

मैं कि पुर-शोर समंदर थे मेरे पाँवों में

मैं कि, पुर-शोर समंदर थे मेरे पाँवों में
अब के डूबा हूँ तो सूखे हुए दरियाओं में

नामुरादी का यह आलम है कि अब याद नहीं
तू भी शामिल था कभी मेरी तमन्नाओं में

दिन के ढलते ही उजड़ जाती हैं आँखें ऐसे
जिस तरह शाम को बाज़ार किसी गाँव में

चाके-दिल[1] सी कि न सी, जख़्म की तौहीन न कर
ऐसे क़ातिल तो न थे मेरे मसीहाओं में

ज़िक्र उस ग़ैरते-मरियम[2] का जब आता है 'फ़राज़'
घंटियाँ बजती हैं लफ़्ज़ों के कलीसाओं[3] में

---

1. दिल का ज़ख़्म 2. पवित्र मैरी से भी पवित्र 3. चर्च

मेरा ही रंग परीदा हर एक नज़र में रहा

मेरा ही रंग परीदा[1] हर इक नज़र में रहा
वगर्ना[2] दर्द का मौसम तो शहर भर में रहा

किसी को घर से निकलते ही मिल गई मंज़िल
कोई हमारी तरह उम्र भर सफ़र में रहा

बहुत से लोग थे, घुल-मिल के सबसे बातें कीं
वो जिसको मैंने न देखा मेरी नज़र में रहा

कुछ इस तरह से गुज़ारी है ज़िंदगी जैसे
तमाम उम्र किसी दूसरे के घर में रहा

विदा-ए-यार का मंज़र[3] 'फ़राज़' याद नहीं
बस एक डूबता सूरज मेरी नज़र में रहा

---

1. उड़ा हुआ 2. वर्ना 3. दृश्य

कुछ न किसी से बोलेंगे

कुछ न किसी से बोलेंगे
तन्हाई में रो लेंगे

हम बे-राह-रवों का क्या
साथ किसी के हो लेंगे

ख़ुद तो हुए रुसवा[1] लेकिन
तेरे भेद न खोलेंगे

जीवन ज़हर भरा सागर
कब तक अमृत घोलेंगे

हिज्र[2] की शब सोने वाले
हश्र[3] को आँखें खोलेंगे

---

1. बदनाम 2. जुदाई 3. महाप्रलय

कौन आता है मगर आस लगाए रखना

कौन आता है मगर आस लगाए रखना
उम्र भर दर्द की शमओं को जलाए रखना

दोस्त पुर्सिश[1] पे मुसिर[2] और हमारा शेवा[3]
अपने अहवाल[4] को ख़ुद से भी छुपाए रखना

हमको उस नाम ने मारा कि जहाँ भी जाएँ
ख़लक़ते-शह ने तूफ़ान उठाए रखना

इस चकाचौंध में आँखें भी गँवा बैठोगे
उसके होते हुए पलकों को झुकाए रखना

---

1. हाल पूछने 2. ज़ोर देना 3. तौर 4. हालात

हैरान हूँ ख़ुद को देखकर मैं

हैरान हूँ ख़ुद को देखकर मैं
ऐसा तो नहीं था उम्र भर मैं

वो जिन्दादिली कहाँ गई है
हँसता था जब अपने हाल पर

आदाबे-जुनूने-आशिकी से
ऐसा भी नहीं था बेख़बर मैं

ऐसे बेवतनी गवाह रहना
हरचन्द फिरा हूँ दरबदर मैं

सय्याद-परस्त जो भी समझें
ज़िन्दाँ[1] को समझ सका न घर मैं।

गौतम की तरह रिषि नहीं था
लेकिन निकला हूँ तज के घर मैं।

---

1. कैदख़ाना

क़ुर्बत भी नहीं दिल से उतर भी नहीं जाता

क़ुर्बत[1] भी नहीं दिल से उतर भी नहीं जाता
वो शख़्स कोई फैसला कर भी नहीं जाता

वो राहते जाँ है मगर इस दरबदरी[2] में
ऐसा है कि अब ध्यान उधर भी नहीं जाता

आँखें हैं कि खाली नहीं रहती हैं लहू से
और ज़ख़्मे जुदाई है फिर भर भी नहीं जाता

दिल को तेरी चाहत पे भरोसा भी बहुत है
और तुझ से बिछड़ जाने का डर भी नहीं जाता

पागल हुए जाते हो 'फराज़' उससे मिले क्या
इतनी सी ख़ुशी से कोई मर भी नहीं जाता।

---

1. घनिष्ठता 2. इधर-उधर भटकना

जहाँ भी जाना तो आँखों में ख़्वाब भर लाना

जहाँ भी जाना तो आँखों में ख़्वाब भर लाना
ये क्या कि दिल को हमेशा उदास कर लाना

मैं बर्फ बर्फ रुतों में चला तो उसने कहा
पलट के आना तो कश्ती में धूप भर लाना

भली लगी हमें खुशक़ामती[1] किसी की, मगर
नसीब में कहाँ इस सर्व[2] का समर[3] लाना

पयाम कैसा, मगर हो सके तो ऐ क़ासिद
कभी कोई ख़बरे-यारे-बेख़बर लाना

'फराज़' अब के जब आओ दयारे-जाना में
बजाए तोहफ़-ए-दिल, अरमग़ाने[4] सर लाना

---

1. लम्बा कद 2. एक लम्बा पेड़ 3. फल 4. उपहार

नाख़ुश हैं कभी बुत, कभी नाराज़ हरम है

नाख़ुश हैं कभी बुत, कभी नाराज़ हरम[1] है
हम दिलज़दगाँ[2] का न ख़ुदा है न सनम है।

तर्कश का गुमां होता है बिस्मिल के बदन पर
तीर इतने लगे जिस्म कमां की तरह ख़म[3] है।

ये कैसी रफ़ाक़त[4] है न मिलना न बिछड़ना
ये कैसी वफ़ा है कि न तिर्याक[5] न सम है।

क्या मर्गे[6] मुहब्बत का हुआ रंज तुझे भी
ऐ ज़ूद फ़रामोश तेरी आँख भी नम है।

झेले हैं जो दुख तूने 'फ़राज़' अपनी जगह हैं
पर तुम पे जो गुज़री है वो औरों से कम है

---

1. काबा (मस्जिद) 2. दुखी दिल 3. झुका 4. दोस्ती 5. ज़हर 6. मृत्यु

ज़िन्दगी से यही गिला है मुझे

ज़िन्दगी से यही गिला है मुझे
तू बहुत देर से मिला है मुझे

तू मुहब्बत से कोई चाल तो चल
हार जाने का हौसला है मुझे

दिल धड़कता नहीं तपकता है
कल जो ख़्वाहिश थी आबला[1] है मुझे

हमसफर चाहिए, हुजूम नहीं
इक मुसाफिर भी काफला है मुझे

कोहकन[2] हो कि कैस हो कि 'फराज़'
सब में इक शख़्स ही मिला है मुझे

---

1. ज़ख़्म 2. पहाड़ काटने वाला

साक़िया एक नज़र जाने से पहले पहले

साक़िया एक नज़र जान से पहले पहले
हम को जाना है कहीं शाम से पहले पहले

ख़ुश हो एक दिल कि मुहब्बत तो निभा दी तूने
लोग उजड़ जाते हैं अन्जाम से पहले पहले

अब तेरे ज़िक्र पे हम बात बदल देते हैं
कितनी राग़बत[1] थी तेरे नाम से पहले पहले

सामने उम्र पड़ी है शबे-तनहाई की वो
मुझे छोड़ गया शाम से पहले पहले

कितना अच्छा था कि हम भी जिया करते थे 'फराज़'
ग़ैर मारूफ़[2] से गुमनाम से पहले पहले

---

1. लगाव 2. जो प्रसिद्ध ना हो

दुख छुपाए हुए हैं हम दोनों

दुख छुपाए हुए हैं हम दोनों
ज़ख़्म खाए हुए हैं हम दोनों

तू कभी चाँदनी थी धूप था मैं
अब तो साए हुए हैं हम दोनों

जैसे इक दूसरे से शर्मिन्दा
सर झुकाए हुए हैं हम दोनों

जैसे इक दूसरे की चाहत को
अब भुलाए हुए हैं हम दोनों

इश्क़ कैसा कहाँ का अहद 'फ़राज़'
घर बसाए हुए हैं हम दोनों

इक शब था वो मेहमान मेरा

इक शब था वो मेहमान मेरा
कुछ और ही था जहान मेरा

थे सेहन में ख़ुशबुओं के ख़ीमे
था रश्के-चमन मकान मेरा

वो शाख़ेगुलाब और उस पर
हर फूल था तर्जुमान[1] मेरा

वो चाँद था मेरे बाजुओं में
आगोश था आसमान मेरा

याद आता है अब उसका कहना
"मेरा शायर पठान मेरा"

अहमद से 'फराज़' हो चुका हूँ
पर ख़ुश नहीं ख़ानदान मेरा

---

1. अनुवादक

थे दिल जो तुझको बज़ाहिर भुला चुका भी है

थे दिल जो तुझको बज़ाहिर भुला चुका भी है
कभी-कभी तेरे बारे में सोचता भी है।

गुज़र सके तो गुज़र जा शबे-फ़िराक़, कि हम
थके हुए भी हैं बरसों का रतजगा भी है।

दला मलाल न रख इससे तू कि वो ज़ालिम
नदीम सारे जहाँ का सही तेरा भी है।

ग़नीम[1] को मगर इसका नहीं है अन्दाज़ा
जो बे सिपर[2] तने-तन्हा है काफ़िला भी है।

'फराज़' शहरे-गज़ल में कदम सुलूक से रख
कि इस में मीर सा, ग़ालिब सा ख़ुशनवा भी है।

---

1. डाक़ 2. तलवार

वो दुश्मने जाँ, जान से प्यारा भी कभी था

वो दुश्मने जाँ, जान से प्यारा भी कभी था
अब किस से कहें कोई हमारा भी कभी था।

उतरा है रगो-पै[1] में तो दिल कट सा गया है
ये ज़हरे-जुदाई कि गवारा भी कभी था।

तितली के ताक़्क़ुब[2] में कोई फूस सा बच्चा
ऐसा ही कोई ख़्वाब हमारा भी कभी था।

अब अगले ज़माने के मिलें लोग तो पूछे
जो हाल हमारा है, तुम्हारा भी कभी था ?

हर बज़्म में हमने उसे अफ़सुर्दा[3] ही देखा
कहते हैं 'फराज़' अन्जुमन[4] आरा भी कभी था।

---

1. नस-नस में 2. पीछा 3. दुखी 4. महफिल

आज फिर दिल ने कहा

आज फिर दिल ने कहा आओ भुला दें यादें
ज़िन्दगी बीत गई और वही यादें-यादें

जिस तरह आज ही बिछड़े हों बिछड़ने वाले
जैसे इक उम्र के दुःख याद दिला दें यादें

काश मुमकिन हो कि इक काग़ज़ी कश्ती की तरह
ख़ुद फ़रामोशी के दरिया में बहा दें यादें

वो भी रुत आए कि ऐ ज़ूद-फ़रामोश[1] मिरे
फूल पत्ते तिरी यादों में बिछा दें यादें

जैसे चाहत भी कोई जुर्म हो और जुर्म भी वो
जिसकी पादाश[2] में ताउम्र सज़ा दें यादें

भूल जाना भी तो इक तरह की नेअमत है 'फ़राज़'
वरना इंसान को पागल न बना दें यादें

---

1. जल्दी भूलाने वाला, 2. जुर्म

रोने से मलाल घट गया है

रोने से मलाल घट गया है
बादल था बरस के छट गया है।

अब दोश पे सर नहीं तो गोया
एक बोझ सा दिल से हट गया है।

ये खिलवते-जाँ[1] में कौन आया
हर चीज़ उलट पलट गया है।

क्या माले ग़नीम[2] था मेरा शहर
क्यों लश्करयों में बट गया है।

अब दिल में 'फराज़' कौन आए
दुनिया से ये शहर कट गया है।

---

1. तनहाई 2. डाकू

मैं चुप रहा तो सारा जहाँ था मेरी तरफ

मैं चुप रहा तो सारा जहाँ था मेरी तरफ
हक़ बात की तो कोई कहाँ था मेरी तरफ़।

मैं मर गया वहीं कि सफ़े[1] कातिलाँ से जब
खन्जर बदस्त[2] तू भी रवाँ था मेरी तरफ।

मुझको मेरी शिकस्त का कोई जवाज़[3] दो
कहते हैं रौशनी का निशां था मेरी तरफ़।

ये और बात तूने ज़माने की बात की
रूए[4]-सुख़न तो ऐ मेरी जाँ था मेरी तरफ़।

मैंने सितमगरों[5] को पुकारा है ख़ुद 'फ़राज़'
वरना किसी का ध्यान कहाँ था मेरी तरफ।

---

1. पंक्ति 2. हाथ में 3. दलील 4. इशारा 5. अत्याचारी

इस क़दर मुसलसल थीं शिद्दतें जुदाई की

इस क़दर मुसलसल[1] थीं शिद्दतें[2] जुदाई की
आज पहली बार उससे मैंने बेवफाई की।

वरना अब तलक यूँ था ख़्वाहिशों की बारिश में
या तो टूट कर रोया या ग़ज़ल सराई[3] की।

तज दिया था कल जिनको हमने तेरी चाहत में
आज उनसे मजबूरन ताज़ा आशनाई[4] की।

हो चला था जब मुझको इख़्तलाफ़[5] अपने से
तूने किस घड़ी ज़ालिम मेरी हमनवाई[6] की।

फिर कफ़स[7] में शोर उठा कैदियों का और सय्याद
देखना उड़ा देगा फिर ख़बर रिहाई की।

---

1. क्रमवार 2. तीव्रता 3. ग़ज़ल ग़ाना 4. जान पहचान 5. असहमति 6. आवाज़ में आवाज़ मिलाना 7. पिंजरा

मैं दीवाना सही पर बात सुन ऐ हमनशीं मेरी

मैं दीवाना सही पर बात सुन ऐ हमनशीं मेरी
कि सबसे हाले-दिल कहता फिरूँ आदत नहीं मेरी

तअम्मुल[1] क़त्ल में तुझको मुझे मरने की जल्दी थी
ख़ता दोनों की है उसमें, कहीं तेरी कहीं मेरी

भला क्यों रोकता है मुझको नासेह गिर्यः[2] करने से
कि चश्मे-तर मिरी है, दिल मिरा है, आस्तीं मेरी

मुझे दुनिया के ग़म और फ़िक्र उक़बा[3] कि तुझे नासेह
चलो झगड़ा चुकाएँ आसमाँ तेरा ज़मीं मेरी

मैं सब कुछ देखते क्यों आ गया दामे-मुहब्बत में
चलो दिल हो गया था यार का, आँखें तो थीं मेरी

'फ़राज़' ऐसी ग़ज़ल पहले कभी मैंने न लिक्खी थी
मुझे ख़ुद पढ़ के लगता है कि ये काविश[4] नहीं मेरी

---

1. हिचकिचाहट, 2. रोना, 3. परलोक, 4. प्रयास

चलो अज़ाब सहें दोस्ती के यूँ ही सही

चलो अज़ाब सहें दोस्ती के यूँ ही सही,
कि वह किसी का हुआ हम किसी के, यूँ ही सही।

हमीं हदफ़[1], हमीं बिस्मिल[2], हमीं पे तानाज़नी
सितम उसी के, गिले भी उसी के, यूँ ही सही।

जिगर फ़िगार[3] करो दिल को तार-तार करो
यही सिले हैं अगर आगही के, यूँ ही सही।

मैं कब तलक तेरे सफ़्फ़ाक[4] सच का ज़हर पियूँ
वफ़ा के बोल सुना झूट ही के, यूँ ही सही।

मगर वह लोग थे शादाब[5] मौसमों के 'फराज'
मगर वह ख़्वाब थे नथ्या[6] गली के, यूँ ही सही।

---

1. निशाना 2. घायल 3. चीरना 4. निर्मम 5. खुश 6. पाकिस्तान की एक गली का नाम

जुरअते-गोश बनी मुझसे

जुरअते-गोश[1] बनी मुझसे गुनहगार की बात
आ गई थी मेरे लब पर तिरे रुख़सार[2] की बात

वो नहीं है तो यूँ ही दिल को दुखाने के लिए
छेड़ दी हमने किसी यारे-दिल-आज़ार[3] की बात

उस सितमगर[4] को सब लोग बुरा कहते हैं
कोई सुनता ही नहीं मिरे ग़मख़्वार की बात

सूफ़ी-ए-शहर भी परदे में तसव्वुफ़[5] के ही
छेड़ देता है उसी यारे-तरह-दार[6] की बात

हम कहाँ बिकने को जाएँ कि दिलो-जाँ की जगह
हर ख़रीदार करे दिरहमो-दीनार[7] की बात

कल हुई हज़रते-नासेह से मुलाकात 'फ़राज़'
फिर वही पंदो-नसीहत[8] वही बेकार की बात

---

1. सुनने की हिम्मत, 2. गाल, 3. दिल को चोट पहुँचाने वाला महबूब, 4. अत्याचारी, 5. सूफ़ियत, 6. महबूब, 7. रुपया-पैसा, 8. उपदेश

ज़िन्दगी की अब नई रस्में बना दी जाएँगी

ज़िन्दगी की अब नई रस्में बना दी जाएँगीं
जिस्म ढह जाएंगे दीवारें उठा दी जाएंगी।

अब मकानों में मकी[1] होंगे न आवाजो के फूल
सिर्फ़ दीवारों पे तस्वीरें लगा दी जाएँगीं।

एक लम्हे के लिए सदियों का खूँ हो जाएगा
एक ख़्वाहिश के लिए उम्र गँवा दी जाएँगीं।

लफ़्ज़ तड़पेंगे इज़्ने-सुख़न[2] छिन जाएगा
रोशनी होगी मगर आँखें बुझा दी जाएंगी।

कल का सूरज हश्र दर आगोश निकलेगा 'फ़राज़'
चाँद जैसी सूरतें ईंधन बना दी जाएंगी।

मुझसे पहले

मुझसे पहले तुझे जिस शख़्स ने चाहा उसने
शायद अब भी तेरा ग़म दिल से लगा रक्खा हो
एक बेनाम-सी उम्मीद पे अब भी शायद
अपने ख़्वाबों के जज़ीरों[1] को सजा रक्खा हो

मैंने माना कि वह बेग़ाना-ए-पैमाने वफ़ा
खो चुका है जो किसी और की रानाई[2] में
शायद अब लौट के आए न तेरी महफ़िल में
और कोई दुख न रुलाए तुझे तन्हाई में

मैंने माना कि शबो-रोज़ के हंगामों में
वक़्त हर ग़म को भुला देता है रफ़्ता-रफ़्ता
चाहे उम्मीद की शमएँ हों कि यादों के चराग़
मुस्तक़िल बो'द[3] बुझा देता है रफ़्ता-रफ़्ता

फिर भी माज़ी[4] का ख़याल आता है गाहे-गाहे[5]
मुद्दतें दर्द की लौ कम तो नहीं कर सकतीं
ज़ख़्म भर जाएँ मगर दाग़ तो रह जाता है
दूरियों से कभी यादें तो नहीं मर सकती

---

1. द्वीपों 2. हुस्न 3. फ़ासला 4. अतीत 5. कभी-कभी

यह भी मुमकिन है कि इक दिन वह पशेमाँ[1] होकर
तेरे पास आए ज़माने से किनारा कर ले
तू कि मासूम भी है, ज़ूद-फ़रामोश[2] भी है
उसकी पैमाँ-शिकनी[3] को भी गवारा कर ले

और मैं, जिसने तुझे अपना मसीहा समझा
एक ज़ख़्म और भी पहले की तरह सह जाऊँ
जिस पे पहले भी कई अहदे-वफ़ा टूटे हैं
उसी दोराहे पे चुप-चाप खड़ा रह जाऊँ

---

1. शर्मिन्दा 2. जल्द भुलानेवाला 3. प्रण तोड़ना

इतने चुप क्यों हो ?

इतने चुप क्यों हो रफ़ीक़ाने[1]-सफ़र कुछ तो कहो
दर्द से चूर हुए हो कि करार आया है।

भर गया हिज्र का हर ज़ख़्म कि जी हार चले
बुझा शौक़ कि पैग़ामे-निगार[2] आया है।

ना मुरादी की थकन है ख़ुमारे-[3]शबे-वस्त
जाँ सुलगती है कि चेहरों पे निखार आया है।

कितनी उजड़ी हुई रुत है कि सुकूँ है न जुनूं
इतनी बेफ़ैज़[4] हुई बादे-बहारी कैसे।

न कहीं नौह-ए-जाँ है न कहीं नग़म-ए-दिल
कुछ तो बोलो कि शबे-दर्द गुज़ारी कैसे।

सर बज़ानू[5] हो तो क्यों चाक गरेबाँ वालो
बाज़ी-ए-राहे-तलब जीत के हारी कैसे।

---

1. दोस्त 2. चित्र 3. मिलन की रात का नशा 4. बेरहम 5. सिर पैरों में झुकाना

ख़्वाब मरते नहीं

ख़्वाब मरते नहीं
ख़्वाब दिल हैं न आँखें न साँसें कि जो
रेज़ा-रेज़ा[1] हुए तो बिखर जाएँगे
जिस्म की मौत से ये भी मर जाएँगे
ख़्वाब मरते नहीं

ख़्वाब तो रौशनी हैं नवा[2] हैं हवा हैं
जो काले पहाड़ों से रुकते नहीं
ज़ुल्म के दोज़ख़ों से भी फूँकते नहीं
रौशनी और नवा और हवा के अलम[3]
मक़्तलों[4] में पहुँचकर भी झुकते नहीं
ख़्वाब तो हर्फ़ हैं
ख़्वाब तो नूर हैं
ख़्वाब सुकरात हैं
ख़्वाब मंसूर हैं

---

1. टुकड़े-टुकड़े 2. आवाज़ 3. पताकाएँ 4. वधस्थलों

ऐ देस से आनेवाले बता

ऐ देस से आनेवाले बता

वो शहर जो हमसे छूटा है अब उसका नज़ारा कैसा है
हर दुश्मने-जाँ किस हाल में है, हर जान से प्यारा कैसा है

शब बज़्मे-हरीफ़ाँ[1] जमती है या शाम ढले सो जाते हैं
यारों की बसर-औक़ात[2] है क्या, हर अंजुमन-आरा[3] कैसा है

क्या कू-ए-निगाराँ[4] में अब भी उश्शाक़[5] का मेला लगता है
अहले-दिल ने क़ातिल के लिए मक़तल को सँवारा कैसा है

क्या अब भी हमारे गाँवों में घुँघरू हैं हवा के पाँवों में
या आग लगी है छाँवों में अब वक़्त का धारा कैसा है

क़ासिद[6] के लबों पर क्या अब भी आता है हमारा नाम कभी
वो भी तो ख़बर रखता होगा ये झगड़ा सारा कैसा है

जब भी मैख़ाने बंद ही थे और वा[7] दरे-ज़िंदाँ[8] रहता था
अब मुफ़्ती-ए-दीं[9] क्या कहता है, मौसम का इशारा कैसा है

मैख़्वारों का पिंदार[10] गया और साक़ी का मेयार[11] गया
कल तल्ख़ी-ए-मै[12] भी खलती थी, अब ज़हर गवारा कैसा है

हर एक कशीदा-क़ामत[13] पर क्या अब भी कमंदें पड़ती हैं
जब से वो मसीहा दार हुआ,[14] हर दर्द का मारा कैसा है

---

1. दुश्मनों की महफ़िल 2. समय गुज़ारने का तरीक़ा 3. महफ़िल की रौनक़ 4. महबूबों की गली 5.
आशिक़ों 6. पत्रवाहक 7. खुला 8. कारागार का द्वार 9. धर्माधिकारी 10. शराब पीने वालों का ग़ुरूर
11. रुतबा 12. शराब की कड़वाहट 13. ऊँचे कद वाले 14. सूली चढ़ा

कहते हैं कि घर अब ज़िंदाँ[1] हैं, सुनते हैं कि जिंदाँ मक़तल हैं
ये जब्र ख़ुदा के नाम पे है, ये ज़ुल्मे ख़ुदा के नाम पे है

ये शामे-सितम कटती ही नहीं, ये ज़ुल्मते-शब[2] कटती ही नहीं
मेरे बदक़िस्मत लोगों की किस्मत का सितारा कैसा है

पिंदार सलामत है कि नहीं, बस यह देखो, यह मत देखो
जाँ कितनी रेज़ा-रेज़ा[3] है, दिल पारा-पारा[4] कैसा है

---

1. कारागार 2. रात का अँधेरा 3. कण-कण 4. टुकड़े-टुकड़े

अब किसका जश्न मनाते हो !

अब किसका जश्न मनाते हो
उस देस का जो तक़्सीम हुआ
अब किसका गीत सुनाते हो
उस तन-मन का जो दो-नीम[1] हुआ

उस ख़्वाब का जो रेज़ा-रेज़ा
इन आँखों की तक़दीर हुआ
उस नाम का जो टुकड़े-टुकड़े
गलियों में बे-तौक़ीर[2] हुआ

उस परचम[3] का जिसकी हुरमत
बाज़ारों में नीलाम हुई
उस मिट्टी का जिसकी हुरमत
मंसूब अदू[4] के नाम हुई

उस जंग का जो तुम हार चुके
उस रस्म का जो जारी भी नहीं
उस ज़ख़्म का जो सीने पे न था
उस जान का जो वारी भी नहीं

उस खून का जो बद-क़िस्मत था
राहों में बहा या तन में रहा
उस फूल का जो बे-क़ीमत था
आँगन में खिला या बन में रहा

उस मशरिक़[5] का जिसका तुमने
नेज़े की अनी[6] मरहम समझा

---

1. दो टुकड़े 2. अपमानित 3. झंडा 4. बुराई से जुड़ी 5. पूर्व (बांग्लादेश) 6. भाले की नोक

उस मग़रिब का जिसको तुमने

उस मग़रिब[1] का जिसको तुमने
जितना भी लूटा कम समझा
उन मासूमों का जिनके लहू
से तुमने फ़रोज़ाँ[2] रातें कीं
या उन मज़लूमों का जिनसे
ख़ंजर की ज़बाँ में बातें कीं

उस मरियम का जिसकी इफ़्फ़त[3]
लुटती है भरे बाज़ारों में
उस ईसा का जो क़ातिल है
और शामिल है ग़म-ख़्वारों में

उन नौहागरों[4] का जिनने हमें
ख़ुद क़त्ल किया ख़ुद रोते हैं
ऐसे भी कहीं दम-साज़[5] हुए
ऐसे जल्लाद भी होते हैं

उन भूखे-नंगे ढाँचों का
जो रक़्स सरे-बाज़ार[6] करें
या उन ज़ालिम क़ज़्ज़ाक़ों का
जो भेस बदलकर वार करें

या उन झूठे इक़रारों का
जो आज तलक ईफ़ा[7] न हुए
या उन बेबस लाचारों का
जो और भी दुख का निशाना हुए

---

1. पश्चिम (पाकिस्तान) 2. रौशन 3. इज़्ज़त 4. शोकगीत लिखनेवाले 5. साथी 6. भरे बाज़ार में नाच 7. पूरे

उस शाही का जो दस्त-ब-दस्त[1]
आई है तुम्हारे हिस्से में
क्यूँ नंगे-वतन[2] की बात करो
क्या रक्खा है इस क़िस्से में

आँखों में छुपाए अश्कों को
होठों पे वफ़ा के बोल लिये
इस जश्न में मैं भी शामिल हूँ
नौहों से भरा कशकोल लिये

---

1. एक हाथ से दूसरे हाथ चलनेवाली बादशाही 2. राष्ट्रीय पताका

मंसूबा से !

मंसूबा[1] से !

तूने देखा ही नहीं मुझको तुझे क्या मालूम
वक़्त ने आज किसे सौंप दिया है तुझको
किसके दामन से है बाँधा गया पल्लू तेरा
किससे तक़दीर ने वाबस्ता[2] किया है तुझको

तेरे होंठों पे तो है शर्मो-हया की मोहरें
तेरे माँ-बाप ने क्यों निख़र[3] तेरा बोल दिया
काले बाज़ार में नीलाम उठाकर तेरा
सब्ज़ बागों के तसव्वुर पे तुझे तौल दिया

जो सजाई गई फ़िरदौस[4] नुमायश के लिए
वह किसी और की तामीर है मेरी तो नहीं
ये मकानात, ये जिंदर, ये दुकानें, ये ज़मीं
मेरे अजदाद[5] की जागीर है मेरी तो नहीं

मैं तो आवारा सा शायर हूँ मेरी क्या वक़अत[6]
एक-दो गीत परेशान से गा लेता हूँ
गाहे-गाहे[7] किसी नाकाम शराबी की तरह
एक-दो ज़ह के साग़र[8] भी चढ़ा लेता हूँ

तू कि एक वादि-ए-गुलरंग[9] की शहज़ादी है
देख बेकार से इंसाँ के लिए वक़्फ़[10] न हो
तेरे ख़्वाबों के जज़ीरों में बड़ी रौनक़ है
एक अनजान से तूफ़ाँ के लिए वक़्फ़ न हो

---

1. भावी पत्नी 2. जोड़ा 3. भाव 4. स्वर्ग 5. पूर्वजों 6. मूल्य 7. कभी-कभी 8. जाम-प्याले 9. फूलों के रंग की घाटी 10. स्वयं को प्रतिबद्ध करना

सोच अभी वक़्त है हालात बदल सकते हैं
वरना इस रिश्त-ए-बेरब्ल[1] पे पछताएगी
तोड़ इन कोहना रसूमात[2] के बंधन वरना
जीते जी मौत के ज़िंदाँ[3] में उतर जाएगी

---

1 बेजोड़ रिश्ता 2. पुराने रीति-रिवाज 3. कारावास

कलम सुर्खरू है

क़लम सुर्खरू[1] है
कि जो उसने लिक्खा
वही आज मैं हूँ
वही आज तू है
क़लम ने लिखा था
कि जब भी ज़बानों पे पहरे लगे हैं
तो बाज़ू सनाँ[2] तोलते हैं
कि जब भी लबों पर ख़ामोशी के ताले पड़े हों
तो जिंदा जेल के दीवारो-दर बोलते हैं
कि जब हर्फ़ ज़ंजीर होता है
शमशीर[3] होता है आख़िर
तो आमिर की तक़दीर होता है आख़िर
कि जो हर्फ़ है ज़ीस्त[4] की आबरू है
क़लम सुर्खरू है

क़लम ने लिखा था
यह धरती उसी की है जो
ज़ुल्म के मौसमों में
खुले आसमानों तले
उसकी मिट्टी में अपना लहू घोलता है
जो अपने लहू की तमाज़त[5] से
ज़ुल्फ़े-नामू[6] की गिरह खोलता है

वही जिसकी पोरों के मस[7] से
सुकूते-ज़मीं[8] बोलता है

---

1. सफल 2. भाला 3. तलवार 4. जीवन 5. गर्मी 6. ज़िंदगी की ज़ुल्फ़ें 7. स्पर्श 8. ज़मीन का सन्नाटा

मगर जिसने बोया था काटा था

उसके मुक़द्दर में नाने'-जवीं[1] तक न थी

जिसका पैकर मशक़्क़त[2] से पथरा गया

और जिसके लबों पर नहीं तक न थी

उसी से इबारत[3] यह सब रंगो-बू है

क़लम सुर्ख़रू है

क़लम सुर्ख़रू है

कि उसने लिखा था

वो बाज़ू

जो पत्थर से हीरे तराशें

मगर बे-निशाँ उनके घर

बे-कफ़न उनकी लाशें

वही कोहकन[4]

जिनके तेशे पहाड़ों के दिल चीर डालें

मगर ख़ुसरवाने जहाँ[5] उनकी शीरीं[6] चुरा लें

वही जिनके जिस्मों के पैवंद

अह्ले-हवस की क़बा में लगे थे

वही सादा-दिल

जिनकी नज़रें फ़लक पर जमी थीं

तो लब मुनइमों की सना[7] में लगे थे

अब उनकी सना चार-सू[8] है

क़लम सुर्ख़रू है

---

1. जौ की रोटी 2. परिश्रम 3. लिखी 4. पहाड़ तोड़नेवाला 5. दुनिया के बादशाह 6. ईरानी बादशाही
की मलिका 7. दौलतमंदों की स्तुति ८. चारों ओर

कहा नहीं था

कहा था
उस शह्र को न जाओ
अब अपनी आँखों से देख आए
तो रो रहे हो
कि अब वहाँ तुम नहीं
नए लोग बस गए हैं
कहा था
अब शहे-आरज़ू
दश्ते-जाँ-रुबा[1] है
गए ज़मानों की ख़ुशबुएँ कब से मर चुकी हैं
जुदाइयाँ काम कर चुकी हैं
तुम्हारे नग़्मों के नर्म पौधे
नई रुतों की शदीद लू से झुलस गए हैं
गुलाब के सुर्ख़-सुर्ख़ फूलों को
कासनी साँप डस गए हैं
वो गुफ़्तगूओं की आबजूएँ[2]
सुकूत के रेगज़ार[3] में दफ़्न हो गई हैं
वो अहदो-पैमाँ[4] की फ़ाख़्ताएँ
उफ़क़[5] के उस पार खो गई हैं
कहा था-वो साअतें[6] न लौटेंगी
जो गई हैं
कहा था
तुम क़ुर्ब[7] के नशे में
अना[8] के मीनार चुन रहे हो
कहा था

---

1. जानलेवा जंगल 2. नहरें 3. ख़ामोशी के रेगिस्तान 4. क़समें-वादे 5. क्षितिज 6. क्षण 7. नज़दीकी 8. अहं

तुम उस वफ़ा के सहरा में
अपनी आवाज़ सुन रहे हो
डरावने ख़्वाब बुन रहे हो
तुम्हें बड़ा जोम[1] था
कि आँखों के आईनों से
हर अंजुमन को सजा रहे थे
तुम्हें ग़ुरूर अपनी ज़ात पर था
कि अपना सब कुछ लुटा रहे थे
कहा था
इन आईनों को अब देखने न जाओ
कि इनमें औरों के अक्स होंगे
कहा था उन रास्तों पे अब तुम न गुनगुनाओ
कि दूसरे महव-रक़्स[2] होंगे
ये आईने
जो हर एक दीवार पर सजे हैं
तुम्हारे अश्कों[3] की काँच है बस
ये बर्फ़ के पैकरों के शोले
तुम्हारे साँसों की आँच है बस
फ़िराक़[4] की बात ही जुदा है
यहाँ तो आँखों के आईनों से
जो अक्स ओझल हुआ
तो फिर वह कहीं नहीं था
पलट के आए तो क्या
न आए तो क्या
कि आँखें तो आईने हैं
और आईनों को ग़रज़ नहीं है
कि कौन चेहरा नज़र-नशीं[5] था
वो कोई पत्थर था या नगीं[6] था
कहा नहीं था

---

1. घमंड 2. नाच में व्यस्त 3. आँसुओं 4. जुदाई 5. आँखों के सामने 6. नगीना

नज़रे-नज़रुल

नज़रे-नज़रुल[1]

फ़नकार जो अपने सहरे-फ़न से
पत्थर को ज़बान बख़्शता है
अल्फ़ाज़ को ढालकर सदा में
आवाज को जान बख़्शता है
तारीख़ को अपना खून देकर
तहज़ीब को शान बख़्शता है

फ़नकार ख़ामोश हो तो जाबिर[2]
ज़ुलमत के निशान[3] खोलता है
हर अहले-नज़र[4] को दस्ते-क़ातिल
नेज़े की अनी पे तौलता है
इनसान बज़ोर[5] ख़ाको-ख़ूँ में
इनसान के हुक़ूक़[6] रोलता है

फ़नकार अगर ज़बाँ न खोले
अंबारे - गहर[7] - नसीब उसका
वर्ना हर शहरयार[8] दुश्मन
हर श़ेखे-हरम[9] रक़ीब उसका
चाहे वह 'फ़राज़' हो कि 'नज़रुल'
बोले तो सिला[10] सलीब उसका

---

1. क़ाज़ी नज़रुल इस्लाम को भेंट 2. अत्याचारी 3. अँधेरे के झंडे 4. दृष्टिवान 5. ताक़त से 6. अधिकार

7. मोतियों का ढेर 8. बादशाह 9. धर्माधिकारी 10. बदला

मम्दूह

मम्दूह

मैंने कब की है तेरे काकुलो-लब[1] की तारीफ़
मैंने कब लिक्खे क़सीदे[2] तेरे रुख़्सारों[3] के
मैंने कब तेरे सरापा की हिकायात[4] कही
मैंने कब शेर कहे झूमते गुलज़ारों के
जाने दो दिन की मुहब्बत में यह बहके हुए
लोग कैसे अफ़साने बना लेते हैं दिलदारों के

मैं कि शायर था मेरे फ़न की रिवायत[5] थी यही
मुझको एक फूल नज़र आए तो गुलज़ार कहूँ
मुस्कुराती हुई हर आँख को क़ातिल जानूँ
हर निगाहे-ग़लत-अंदाज़ को तलवार कहूँ
मेरी फ़ितरत[6] थी कि मैं हुस्ने-बयाँ[7] की ख़ातिर
हर हसीं लफ़्ज़ को दर-मदहे-रुख़े-यार[8] कहूँ

मेरे दिल में भी खिले हैं तेरी चाहत के कँवल
ऐसी चाहत कि जो वहशी हो तो क्या क्या न करे
गर मुझे हो भी तो क्या ज़ोमे-तवाफ़े-शोला[9]
तू है वह शम्अ कि पत्थर की भी परवा न करे
मैं नहीं कहता कि तुझ-सा है न मुझ-सा कोई
वर्ना शोरीदगि-ए-शौक़[10] तो दीवाना करे

क्या यह कम है कि तेरे हुस्न की रानाई से
मैंने वो शमएँ जलाई हैं कि महताब[11] निसार
तेरे पैमाने-वफ़ा से मेरे फ़न ने सीखी

---

1. ज़ुल्फ़ व होंठ 2. स्तुति गीत 3. गालों 4. कथाएँ 5. परम्परा 6. प्रकृति 7. वर्णन शैली 8. यार के चेहरे की तारीफ 9. शोले के चक्कर लगाना 10. इश्क़ की दीवानगी 11. चाँद

वह दिल-आवेज़ सदाक़त[1] कि कई ख़्वाब निसार

तेरे ग़म ने मेरे विजदान[2] को बख़्शी वह कसक

मेरे दुश्मन मेरे क़ायल, मेरे अहबाब निसार

मैं किसी ग़म में भी रोया हूँ तो मैंने देखा

तेरे दुख से कोई मजरूह[3] नहीं तेरे सिवा

मेरे पैकर में तेरी ज़ात[4] घुली है इतनी

कि मेरा जिस्म मेरी रूह नहीं तेरे सिवा

मेरा मौज़ूए-सुख़न[5] तू हो कि सारी दुनिया

दर-हक़ीक़त कोई मम्दूह[6] नहीं तेरे सिवा

---

1. मनभावन सत्य 2. अंतःकरण 3. घायल 4. व्यक्तित्व 5. शायरी का विषय 5. प्रशंसा-पात्र

फ़नकारों के नाम

फ़नकारों के नाम

तुमने धरती के माथे पे अफ़शाँ[1] चुनी
ख़ुद अँधेरी फ़जाओं में पलते रहे
तुमने दुनिया के ख़्वाबों की जन्नत बुनी
ख़ुद फ़लाकत[2] के दोज़ख़ में जलते रहे
तुमने इनसान के दिल की धड़कन सुनी
और ख़ुद उम्र भर ख़ूँ उगलते रहे

जंग की आग दुनिया में जब भी जली
अम्न की लोरियाँ तुम सुनाते रहे
जब भी तख़रीब[3] की तुंद आँधी चली
रौशनी के निशाँ तुम दिखाते रहे
तुमसे इनसाँ की तहज़ीब[4] फूली फली
तुम मगर ज़ुल्म के तीर खाते रहे

तुमने शहकार[5] ख़ूने-जिगर से सजाए
और इसके एवज़[6] हाथ कटवा दिए
तुमने दुनिया को अमरित के चशमे दिखाए
और ख़ुद ज़हरे-क़ातिल के प्याले पिए
तुमने हर इक के दुख अपने दिल से लगाए
तुम जिए तो ज़माने की ख़ातिर जिए

तुम पयम्बर[7] न थे अर्श के मुद्दई[8]
तुमने दुनिया से दुनिया की बातें कहीं
तुमने ज़र्रों को तारों की तनवीर[9] दी
तुमसे गो अपनी आँखें भी छीनी गईं

---

1. सिंदूर 2. ग़रीबी 3. नाश 4. सभ्यता 5. महान कृतियाँ 6. बदले 7. ख़ुदा का संदेशवाहक-पैगंबर 8. दावेदार 9. रोशनी

तुमने दुखते दिलों की मसीहाई[1] की
और ज़माने से तुमको सलीबें[2] मिलीं
काख़ो-दरबार[3] से कूचा-ए-दार[4] तक
कल जो थे आज भी हैं वही सिलसिले
जीते जी तो न पाई चमन की महक
मौत के बाद फूलों के मरक़द[5] मिले
ऐ मसीहाओ ! यह ख़ुदकुशी कब तलक
हैं ज़मीं से फ़लक[6] तक बड़े फ़ासले

---

1. उपचार करना 2. सूली-जो ईसा मसीह को दी गई थी 3. छत व दरबार 4. सूली का स्थान 5. मज़ार

6. आकाश

सवाल

सवाल

एक संग-तराश[1] जिसने बरसों
हीरों की तरह सनम तराशे[2]
आज अपने सनम-कदे[3] में तन्हा
मजबूर निढाल ज़ख़्म-ख़ुर्दा[4]
दिन-रात पड़ा कराहता है

चेहरे पे उजाड़ ज़िंदगी के
लम्हात[5] की अनगिनत ख़राशें
आँखों के शिकस्ता मरक़दों[6] में
रूठी हुई हसरतों की लाशें

साँसों की थकन बदन की ठंडक
अहसास से कब तलक लहू ले
हाथों में कहाँ सकत कि बढ़ कर
ख़ुद-साख़्ता[7] पैकरों को छू ले

यह ज़ख़्मे-तलब यह नामुरादी
हर बुत के लबों पे है तबस्सुम
ऐ तेशा-बदस्त[8] देवताओ !
तख़लीक़[9] अज़ीम है कि ख़ालिक़[10]
इनसान जवाब चाहता है

---

1. मूर्तिकार 2. मूर्तियाँ बनाईं 3. मंदिर 4. घायल 5. क्षणों 6. मज़ारों 7. अपने बनाए हुए 8. कुदाल हाथ में लिये 9. रचना 10. रचनाकार

पास क्या था

पास क्या था कि लूटती दुनिया
हम तो कल भी थे बे-सरो-सामाँ[1]

आज दीवार खिंच गई है अगर
शह कल भी था सूरते-ज़िंदाँ[2]

कब मयस्सर हुआ था रोज़े-विसाल
कब मुक़द्दर न थी शबे-हिज्राँ

इक मता-ए-सुख़न[3] थी पास अपने
एक साज़े-वफ़ा था दौलते-जाँ

अब भी ख़ुशबख़्त[4] हैं तेरे वहशी
अब भी ख़ुशवक़्त हैं तेरे नादाँ[5]

दर्द क़ायम है, याद बाक़ी है
इक तेरी दीद[6] छिन गई जानाँ

---

1. साधनहीन 2. कारागार जैसा 3. शायरी की दौलत 4. भाग्यशाली 5. नादान 6. दर्शन

सभी शरीके-सफ़र हैं

सभी शरीके-सफ़र हैं

यह मुम्लिकत[1] तो सभी की है ख़्वाब सबका है
यहाँ पे क़ाफ़िला-ए-रंगो-बू अगर ठहरे
तो हुस्ने-ख़ेमा-ए-बर्गो-गुलाब[2] सबका है
यहाँ ख़िज़ाँ के बगूले उठे तो हमनफ़सो[3] !
चराग़ सबके बुझेंगे अज़ाब सबका है

तुम्हें ख़बर है कि जेंगाह[4] जब पुकारती है
तो गाज़ियाने-वतन[5] ही फ़क़त नहीं जाते
तमाम क़ौम ही लश्कर का रूप धारती है
महाज़े-जंग पे मर्दाने-हुर[6] तो शहरों में
तमाम ख़ल्क़ बदन पर ज़िरह[7] सँवारती है

मिलों में चेहरा-ए-मज़दूर तमतमाता है
तो खेतियों में किसाँ और ख़ून भरते हैं
वतन पे जब भी कोई सख़्त वक़्त आता है
तो शायराने-दिल-अफ़गार[8] का ग़यूर[9] क़लम
मुजाहिदाने-जरी के एजज़[10] सुनाता है

जलेंगे साथ सभी कीमिया[11] सभी होंगे
और अब जो आग लगी है मेरे दयारों में
तो इस बला से नबर्द-आज़मा सभी होंगे
सिपाहियों के अलम[12] हों कि शायरों के क़लम
मेरे वतन तेरे दर्द-आशना सभी होंगे

---

1. राज्य 2. गुलाब के फूलों के खेमे का हुस्न 3. साथियो 4. मैदाने-जंग 5. शूरवीर 6. बहादुर लोग 7.
कवच 8. ज़ख़्मी दिल 9. गौरवशाली (ग़यूर) 10. बहादुरों की प्रशंसा 11. सोने में बदल जाना 12. झंडे

क़नीज़

क़नीज़

हुज़ूर आप और निस्फ़-शब[1] मेरे मकान पर
हुज़ूर की तमामतर बलाएँ मेरी जान पर

हुज़ूर ख़ैरियत तो है हुज़ूर क्यों ख़मोश हैं
हुज़ूर बोलिए कि वसवसे[2] वबाले-होश[3] हैं

हुज़ूर होंठ इस तरह से कँपकँपा रहे हैं क्यों
हुज़ूर आप हर क़दम पे लड़खड़ा रहे हैं क्यों

हुज़ूर आपकी नज़र में नींद का ख़ुमार है
हुज़ूर शायद आज दुश्मनों को कुछ बुख़ार है

हुज़ूर मुस्करा रहे हैं मेरी बात-बात पर
हुज़ूर को न जाने क्या गुमाँ है मेरी ज़ात पर

हुज़ूर मुँह से बह रही है पीक, साफ़ कीजिए
हुज़ूर आप तो नशे में हैं, मुआफ़ कीजिए

हुज़ूर क्या कहा, मैं आपको बहुत अज़ीज़ हूँ
हुज़ूर का करम है वरना मैं भी कोई चीज़ हूँ

हुज़ूर छोड़िए हमें हज़ार और रोग हैं
हुज़ूर जाइए कि हम बहुत ग़रीब लोग हैं

---

1. आधी रात 2. वहम 3. होश के लिए मुसीबत

आईना

आईना

तुझसे बिछड़ा हूँ तो आज आया मुझे अपना ख़याल
एक क़तरा भी नहीं बाक़ी कि हों पलकें तो नम

मेरी आँखों के समंदर कौन सहरा पी गए
एक आँसू को तरसती है मेरी तक़रीबे-ग़म[1]

मैं न रो पाया तो सोचा मुस्करा के देख लूँ
शायद इस बेजान पैकर में कोई ज़िंदा हो ख़्वाब

पर लबों के तन-बरहना शाख़्चों[2] पर अब कहाँ
मुस्कराहट के शगूफ़े[3] ख़ंदा-ए-दिल के गुलाब

कितना वीराँ हो चुका है मेरी हस्ती का जमाल[4]
तुझसे बिछड़ा हूँ तो आज आया मुझे अपना ख़याल

---

1. ग़म का अवसर 2. नंगी डालियाँ 3. फूल 4. जीवन की सुंदरता।

ख़्वाब

ख़्वाब

वह चाँद जो मेरा हमसफ़र था
दूरी के उजाड़ जंगलों में
अब मेरी नज़र से छुप चुका है

एक उम्र से मैं मलूलो-तन्हा[1]
ज़ुल्मात[2] की रहगुज़ार में हूँ
मैं आगे बढू़ कि लौट जाऊँ
क्या सोच के...इंतज़ार में हूँ
कोई भी नहीं जो यह बताए
मैं कौन हूँ किस दयार[3] में हूँ

---

1. उदास व अकेला 2. अँधेरे 3. शहर

सेहरा

सेहरा

यों भी होता है बरसों के दो हमसफ़र
अपने ख़्वाबों की ताबीर से बे-ख़बर
अपने अहदे-मुहब्बत के नश्शे में गुम
अपनी क़िस्मत की खूबी पे नाज़ाँ मगर

ज़िंदगी के किसी मोड़ पर खो गए
और एक-दूसरे से जुदा हो गए

यों भी होता है दो अजनबी राह-रौ[1]
अपनी राहों से मंज़िल से ना-आशना[2]
एक को दूसरे की ख़बर तक नहीं
कोई पैमाने-उल्फ़त[3] न अहदे-वफ़ा

इत्तफ़ाक़ात से इस तरह मिल गए
साज़ भी बज उठे फूल भी खिल गए

---

1. पथिक 2. अनजान 3. मुहब्बत का प्रण

ख़ुदग़र्ज़

ख़ुदग़र्ज़

ऐ दिल ! अपने दर्द के कारण तू क्या-क्या बेताब रहा
दिन के हंगामों में डूबा रातों को बेख़्वाब रहा
लेकिन तेरे ज़ख़्म का मरहम तेरे लिए नायाब[1] रहा

फिर एक अनजानी सूरत ने तेरे दुख के गीत सुने
अपनी सुंदरता की किरनों से चाहत के ख़्वाब बुने
ख़ुद काँटों की बाढ़ से गुज़री तेरी राह में फूल चुने

ऐ दिल, जिसने तेरी महरूमी[2] के दाग़ को धोया था
आज उसकी आँखें पुरनम[3] थीं और तू सोच में खोया था
देख पराये दुख की ख़ातिर तू भी कभी यों रोया था ?

---

1. दुर्लभ 2. अभागापन 3. गीली आँखें

ऐ वतन ऐ वतन

ऐ वतन ऐ वतन

ऐ वतन ऐ वतन

तेरे खेतों का सोना सलामत रहे

तेरे शहरों का सुख ता-क़यामत[1] रहे

ता-क़यामत रहे यह बहारे-चमन

ऐ वतन ऐ वतन

तेरे बेटे तेरी आबरू के लिए

यों जलाएँगे अपने लहू के दिए

फूट निकलेगी तारीकियों से किरन

ऐ वतन ऐ वतन

तेरी आबाद गलियाँ महकती रहें

तेरी राहें फ़ज़ा में चमकती रहें

यों मुसकराते रहें तेरे कोहो-दमन[2]

ऐ वतन ऐ वतन

ऐ वतन ऐ वतन

---

1. क़यामत तक 2. पहाड़ व मैदान

कोई भटकता बादल

कोई भटकता बादल

दूर एक शह से जब कोई भटकता बादल
मेरी जलती हुई बस्ती की तरफ़ आएगा
कितनी हसरत से उसे देखेंगी प्यासी आँखें
और वह वक़्त की मानिंद गुज़र जाएगा

जाने किस सोच में खो जाएगी दिल की दुनिया
जाने क्या-क्या मुझे बीता हुआ याद आएगा
और उस शहर का बे-फ़ैज़ भटकता बादल
दर्द की आग को फैला के चला जाएगा

ये खेत हमारे हैं ये खलिहान हमारे

ये खेत हमारे हैं ये खलिहान हमारे

पूरे हुए इक उम्र के अरमान हमारे

हम वो जो कड़ी धूप में जिस्मों को जलाएँ

हम वो हैं कि सहराओं[1] को गुलज़ार बनाएँ

हम अपना लहू ख़ाक के तोदों[2] को पिलाएँ

इस पर भी घरौंदे रहे वीरान हमारे

ये खेत हमारे हैं ये खलिहान हमारे

हम रौशनी लाए थे लहू अपना जलाकर

हम फूल उगाते थे पसीने में नहाकर

ले जाता मगर और कोई फ़स्ल उठाकर

रहते थे हमेशा तही दामान[3] हमारे

ये खेत हमारे हैं ये खलिहान हमारे

अब देस की दौलत नहीं जागीर किसी की

अब हाथ किसी के नहीं तक़दीर किसी की

पाँवों में किसी के नहीं ज़ंजीर किसी की

भूलेगी न दुनिया कभी एहसान हमारे

ये खेत हमारे हैं ये खलिहान हमारे

---

1. रेगिस्तानों 2. टीलों 3. ख़ाली दामन

अलमिया

अलमिया

किस तमन्ना से यह चाहा था कि एक रोज़ तुझे
साथ अपने लिये उस शह्र को जाऊँगा जिसे
मुझको छोड़े हुए भूले हुए एक उम्र हुई

हाय वह शहर कि जो मेरा वतन है फिर भी
उसकी मानूस फ़ज़ाओं से रहा बेग़ाना
मेरा दिल मेरे ख़यालों की तरह दीवाना

आज हालात का यह तंज़े-जिगर-सोज़[1] तो देख
तू मेरे शह्र के एक हुजल-ए-ज़रीं[2] में मकीं[3]
और मैं परदेसी मैं जाँ-दाद-ए-यक नाने-जवीं[4]

---

1. दिल जलानेवाला व्यंग्य 2. सोने का घर 3. निवासी 4. एक जौ की रोटी पर मरनेवाला

ख़ुशबू का सफ़र

ख़ुशबू का सफ़र

छोड़ पैमाने-वफ़ा की बात, शर्मिंदा न कर
दूरियाँ, मजबूरियाँ, रुस्वाइयाँ, तन्हाइयाँ
कोई क़ातिल, कोई बिस्मिल, सिस्कियाँ, शहनाइयाँ
देख यह हँसता हुआ मौसम है मौज़ू-ए-नज़र[1]

वक़्त की रौ में अभी साहिल अभी मौजे-फ़ना[2]
एक झोंका, एक आँधी, एक किरन, एक जू-ए-ख़ूँ[3]
फिर वही सहरा का सन्नाटा वही मर्गे-जुनूँ[4]
हाथ हाथों का असासा[5], हाथ हाथों से जुदा

जब कभी आएगा हम पर भी जुदाई का समाँ
टूट जाएगा मेरे दिल में किसी ख़्वाहिश का तीर
भीग जाएगी तेरी आँखों में काजल की लकीर

कल के अंदेशों से अपने दिल को आज़ुर्दा[6] न कर
देख यह हँसता हुआ मौसम, यह ख़ुशबू का सफ़र

---

1. आँख का केन्द्र 2. मौत की लहर 3. ख़ून की नहर 4. जुनून की मौत 5. धरोहर 6. उदास

हुआ सो हुआ

हुआ सो हुआ

भूल जाएँ तो आज बेहतर हे
सिलसिले क़ुर्ब[1] के, जुदाई के
बुझ चुकी ख़्वाहिशों की क़ंदीलें
लुट चुके शह्र आशनाई[2] के

रायगाँ साअतों से[3] क्या लेना
ज़ख़्म हों, फूल हों, सितारे हों
मौसमों का हिसाब क्या रखना
जिसने जैसे भी दिन गुज़ारे हों

ज़िंदगी से शिकायतें कैसी
अब नहीं हैं अगर गिले थे कभी
भूल जाएँ कि जो हुआ सो हुआ
भूल जाएँ कि हम मिले थे कभी

अकसर-औक़ात[4] चाहने पर भी
फ़ास्लों में कमी नहीं होती
बाज़-औक़ात[5] जानेवालों की
वापसी से ख़ुशी नहीं होती

---

1. समीपता 2. जान-पहचान 3. व्यर्थ पाए गए क्षणों से 4. प्रायः 5. कभी-कभी

ये मेरी ग़ज़लें, ये मेरी नज़्में

ये मेरी गज़लें, ये मेरी नज़्में
तमाम तेरी हिकायतें[1] हैं

ये तज़करे तेरे लुत्फ़ के हैं
ये शे'र तेरी शिकायतें हैं
मैं सब तेरी नज़्र कर रहा हूँ
ये उन ज़मानों की साअतें[2] हैं

जो ज़िंदगी के नए सफ़र में
तुझे किसी वक़्त याद आएँ
तो एक-इक हर्फ़ जी उठेगा
पहन के अनफ़ास की क़बाएँ[3]
उदास तन्हाइयों के लम्हों
में नाच उठेंगी यह अप्सराएँ

मुझे तेरे दर्द के अलावा भी
और दुख थे यह मानता हूँ
हज़ार ग़म थे जो ज़िंदगी की
तलाश में थे यह जानता हूँ
मुझे ख़बर थी कि तेरे आँचल
में दर्द की रेत छानता हूँ

मगर हर एक बार तुझको छूकर
यह रेत रंगे-हिना[4] बनी है
यह ज़ख़्म गुलज़ार बन गए हैं
यह आहे-सोज़ाँ[5] घटा बनी है

---

1. कथाएँ 2. क्षण 3. माँसों के लिबास 4. मेहँदी का रंग 5. आगभरी आह

यह दर्द मौजे-सबा हुआ है

यह दर्द मौजे-सबा[1] हुआ है
यह आग दिल की सदा बनी है
और अब यह सारी मता-ए-हस्ती[2]
ये फूल यह ज़ख़्म सब तेरे हैं
यह दुख के नौहे[3] ये सुख के नग़मे
जो कल मेरे थे वो अब तेरे हैं
जो तेरी क़ुर्बत तेरी जुदाई
में कट गए रोज़ो-शब तेरे हैं

वो तेरा शायर तेरा मुग़न्नी[4]
वो जिसकी बातें अजीब-सी थीं
वो जिसके अंदाज़ ख़ुसरवा[5] न थे
और अदाएँ गरीब-सी थीं
वो जिसके जीने की ख़्वाहिशें भी
ख़ुद उसके अपने नसीब-सी थीं

न पूछ उसका कि वो दीवाना
बहुत दिनों का उजड़ चुका है
वो कोहकन[6] तो नहीं था लेकिन
कड़ी चटानों से लड़ चुका है
वो थक चका था और उसका तेशा[7]
उसी के सीने में गड़ चुका है

---

1. समीर 2. व्यक्तिगत धरोहर 3. शोकगीत 4. गायक 5. बादशाहों जैसे 6. शीरी का आशिक़ फ़रहाद, जिसने प्रेमिका के कहने पर पहाड़ काटकर दूध की नहर निकाली थी 7. कुदाल

गुफ़्तगू अच्छी लगी ज़ौके

गुफ़्तगू अच्छी लगी ज़ौके-नज़र अच्छा लगा
मद्दतों के बाद कोई हमसफ़र अच्छा लगा

दिल का दुख जाना तो दिल का मसअला है पर हमें
उसका हँस देना हमारे हाल पर अच्छा लगा

हर तरह की बे-सरो-सामानियों के बावज़ूद
आज वो आया तो मुझको अपना घर अच्छा लगा

क्या बुरा था गर पड़ा रहता तिरी दहलीज़ पर
तू ही बतला क्या तुझे वो दर-बदर अच्छा लगा

कौन मक़्तल में न पहुँचा कौन ज़ालिम था जिसे
तेग़ो-कातिल से ज्यादा अपना सर अच्छा लगा

हम भी क़ायल हैं वफ़ा-ए-उस्तवारी[1] के मगर
कोई पूछे कौन किसको उम्र भर अच्छा लगा

'मीर' की मानिंद गरचे ज़ीस्त करता था 'फ़राज़'
हमको वो आशुफ़्ता-खूँ[2] शायर मगर अच्छा लगा

---

1. मजबूती, 2. पागल, बद दिमाग आदत वाला

वापसी

वापसी

उसने कहा
सुन
अहद[1] निभाने की ख़ातिर मत आना
अहद निभाने वाले अक्सर
मजबूरी या महज़ूरी[2] की थकन से लौटा करते हैं

तुम जाओ
और दरिया दरिया प्यास बुझाओ
जिन आँखों में डबो
जिस दिल में भी उतरो
मेरी जलन आवाज़ न देगी
लेकिन जब मेरी चाहत
और मेरी ख्वाहिश की लौ
इतनी तेज़ और इतनी ऊँची हो जाए
जब दिल रो दे
तब लौट आना

---

1. वचन 2. वियोग, जुदाई

सच भी झूटा है

सच भी झटा है कि
उसके भी कई चेहरे हैं

एक चेहरा कि तेरे क़ुर्ब[1] की साअत[2] में मुझे
न कोई ख़्वाहिश-ए-आग़ोश[3] रही
और न तमन्ना-ए-विसाल[4]

एक चेहरा कि
तेरे जिरम की हुर्मत[5] की क़सम खाके
हर इक दीदा-ए-मश्कूक[6] समझाता रहा
आसमानों के सहीफ़ों से उतारे हुए
अल्फ़ाज़ को दोहराता रहा

एक चेहरा
कि तेरे पास से उठा हूँ
तो ख़ुद सोचता हूँ
कि मिरा सर्द लहू
गर्मी-ए-शौक़ से और आतिश-ए-महरूमी[7] से
क्यों फुंकता है........
और बदन
नशे के आलम में भी क्यों दुखता है

सफ़ेद छड़ियाँ

सफ़ेद छड़ियाँ

जनम का अँधा
जो सोच और सच के रास्तों पर
कभी कभी कोई ख़्वाब देखे
तो ख़्वाब में भी अज़ाब[1] देखे

ये शाहराहे हयात[2] जिस पर
हज़ारहा क़ाफ़िले रवाँ हैं
सभी की आँखें
हर एक का दिल
सभी के रस्ते
सभी की मंज़िल
इसी हुजूमे कुशाँ कुशाँ[3] में
तमाम चेहरों की दास्ताँ में
तरब[4] के लम्हे
दुखों की घड़ियाँ
मिरा क़बीला सफ़ेद छड़ियाँ

---

1. दुख 2. जीवन की राह 3. फैले हुई भीड़ 4. हर्ष

मरदूद

मरदूद[1]

ऐ ख़ुदा हस्पतालों में भी
अब मिरे ख़ून की कोई कीमत नहीं है
किसी को भी मेरे लहू की ज़रूरत नहीं है

मैं अपने बदन में
(कई ख़ून की बोतलें बेच कर भी)
अभी तक लहू के कटोरे लिये
सुबह दम
इस तवक़्क़ो[2] पे घर से निकलता हूँ
शायद........
मगर शाम को बे-समर[3] लौटता हूँ
उसी घर में
जिस में मिरे ख़ून के लोथड़े
कुलबुलाते हुए

---

1. बहिष्कृत, बेइज्जत 2. आशा 3. बिना परिणाम के

जिरआ-ए-शीर[1] और पारा-ए नान[2] की आरज़ू में
मिरा रास्ता देखते हैं
मैं हर रोज़
हर वार्ड को
मुलतजी[3] जिरम से देखता हूँ
मगर डाक्टर मुझ से कहते हैं
मरदूद
अब तेरे खुन्नाब[4] में
ज़िन्दगी की हरारत नहीं है

ख़ुदाया!
मैं कैसे बताऊँ उन्हें
ख़ूँ फ़रोशी ज़रूरत है मेरी
तिजारत नहीं है

---

1. स्वादिष्ट रवाना 2. रोटी का टुकड़ा 3. इच्छुक 4. खून बेचना

मत सोचो

मत सोचो

और उसने
मिरे साग़र[1] में
मय-ए-सुर्ख़[2] उन्डेली तो कहा
मत सोचो!
तुम यहाँ आए हो
इस मुल्क के, इस शहर के
इस हजला-ए-तस्कीं[3] में जहाँ
सब के सब रक़्स किनां[4]
नग़मा बलब!

मरत अदा.........मत सोचो
जागती रात
के चहरे पे है ख़ुशबू की रिदा[5]
मत सोचो
तुम भी क्या लोग हो
परदेस भी आते हो

---

1. प्याला 2. लाल शराब 3. सन्तोष जनक कक्ष 4. नाचते हुए 5. चादर

तो ले आते हो

बीमार शब-ओ-रोज़-ओ-दिल अफ़गार[1]

अज़ीज़ाने वतन की यादें

अपनी झौलीदा-ओ-बोसीदा[2] क़मीसों की तरह

जिन के धब्बों को तो

खुदकार[3] मशीनें भी नहीं धो सकतीं

ये जो ज़ंगार हैं गुर्बत[4] के

ख़ुद-आज़ार जो तारीकियाँ[5] ज़हनों की हैं

आराइशें जिस्मों की हैं

इस तरह संभाले हुए फिरते हो

कि जैसे ये तुम्हारे दिल-ओ-जाँ हो

इस घड़ी तुम हो जहाँ

मम्लिकत ख़्वाब[6] नहीं, या किसी सोच का गिरदाब[7] नहीं

ज़िंदगी मय की तरह

शोख़ है तर्रार है

ज़ोहराब[8] नहीं

अपने कश्कूल को दहलीज़ पे रख आओ

कि दरीवज़ा गरी[9]

इस जगह शामिल-आदाब नहीं

---

1. घायल 2. उलझी हुई और फटी हुई 3. स्वचालित 4. गरीबी 5. अंधेरे 6. सपनों का संसार 7. भँवर

8. चमकीला 9. भीख माँगना

मैं और तू

मैं और तू

रोज़ जब धूप पहाड़ों से उतरने लगती
कोई घुटता हुआ बढ़ता हुआ बेकल साया
एक दीवार से कहता कि मिरे साथ चलो

और ज़ंजीरे-रिफ़ाक़त[1] से गुरेज़ाँ[2] दीवार
अपने पंदार के नशे में सदा उसतादा[3]
ख़्वाहिशे हमदमे दैरीना[4] पे हंस देती थी

कौन दीवार किसी साए के हमराह चली
कौन दीवार हमेशा मगर उसतादा रही
वक़्त दीवार का साथी है न साए का रफ़ीक़

और अब संगो गुलो-रिवश्त[5] के मल्बे के तले
उसी दीवार का पंदार[6] है रेज़ा रेज़ा[7]
धूप निकली है मगर जाने कहाँ है साया

---

1. दोस्ती की जंजीर 2. भागता हुआ 3. व्यस्त 4. पुराने मित्रों की चाहत 5. फल और काँटे 6. सदुपदेश
7. टुकड़े-टुकड़े

कोई भटकता बादल

कोई भटकता बादल

दूर इक शहर से जब कोई भटकता बादल
मेरी जलती हुई बस्ती की तरफ़ आयेगा

कितनी हसरत से उसे देखेंगी प्यासी आँखें
और वो वक़्त की मानिंद गुज़र जायेगा

जाने किस सोच में रखो जायेगी दिल की दुनिया
जाने क्या क्या मुझे बीता हुआ याद आयेगा

और उस शहर का बे-फ़ैज़[1] भटकता बादल
दर्द की आग को फैला के चला जायेगा

---

1. अप-यश

शाख़े-निहाले-ग़म

शाख़े-निहाले-ग़म[1]

मैं एक ब्रग-ए-खिज़ाँ[2] की मानिंद
कब से शाखे निहाले-ग़म पर
लरज़ता रहा हूँ

मुझे अभी तक है याद वो जाँ-फुगार-साअत[3]
कि जब बहारों की आखरी शाम
मुझ से कुछ ये लिपट के रोई
कि जैसे अब उम्र भर न देखेगा
हम में एक दूसरे को कोई

वो रात कितनी कड़ी थी
जब आँधियों के शबे-ख़ूं[4] से
बू-ए-गुल भी लहू लहू थी
सहर[5] हुई जब तो पेड़ यों ख़ुश्क ओ-ज़र्द रू थे
कि जैसे मक़्तल में 'मेरे बिछड़े हुए रफ़ीक़ों की

---

1. ग़म का पौधा 2. पतझड़ का फल 3. घायल मुहूर्त 4. ख़ून भरी रात 5. प्रात. 6. नंगी

ज़ख़्म खुर्दा बिरहना लाशें

गड़ी हुई हों

मैं जानता था

कि जब ये बोझल अशजार[1]

जिन की कोहना[2] जड़ें ज़मीन की अमीक़[3] गहराइयों में

बरसों से जागज़ीं थीं

हुजूमे सर सर में चंद लम्हे ये ऐरतावा न रह सके तो

मैं एक बर्ग-ए-खिजाँ[4] भी

शाख़े निहाले ग़ाम पर रह सकूँगा

वो एक पल था कि एक रुत थी

मगर मिरे वास्ते बहुत थी

मुझे ख़बर है कि कल बहारों की अव्वलीन[5] सुब्ह

फिर से बे बर्ग ओ बार[6] शाख़ों को

ज़िन्दगी की नई क़बायें[7] अता करेगी

मगर मिरा दिल धड़क रहा है

मुझे, जिसे आँधियों की योरिश[8]

खिज़ाँ के तूफ़ाँ न छू सके थे

कहीं नसीम ए बहार[9], शाख़े निहाले ग़ाम से

जुदा न कर दे

---

1. पेड़ 2. पुरानी 3. असीम 4. पतझड़ का पीला पत्ता 5. पहली 6 फल-फूल 7. पहनावा 8. गुबार 9. बहार की पवन

फ़सले रायेगाँ

फ़सले रायेगाँ[1]

ज़िन्दगी के रव्वाब फ़सले रायेगाँ
तो दरीदा दिल[2] में आशुफ़्ता[3] बयाँ
ज़िन्दगी के ख़्वाब-फ़सले रायेगाँ

रायेगा हर दर्द के सूरज की धूप
आबले हाथों के माथों का अर्क़
गेसुओं के अब्र[4] होंटों की शफ़क़[5]
मेरे दिल की आग तेरा रंग रूप
रायेगाँ ख़ूने वफ़ा की नदियाँ
कुश्त-ए-बे हासिल का हासिल निशाँ

आँसुओं की झील दो पहरों की लू
जिस्म शल एहसास मुर्दा लहू
चार जानिब रेत की टीले रवाँ
कोई नोहा गर[6], न कोई चरम नम

---

1. बेकार फ़सल 2. टूटा हुआ दिल 3. व्याकुल 4. बादल 5. सूर्यास्त के समय की लाली 6. दुख मनाने वाला

सिर्फ़ हम, तू भी कहाँ मैं भी कहाँ
जैसे वीराने में लाशें बे-अमाँ[1]
बे-कफ़न, बे गौर, रिज़्क़े कर गुसाँ
और ये यादें भी कुछ लम्हों की हैं
जिस तरह सहरा में क़दमों के निशाँ
जिस तरह ताज़ियती[2] खामोशियाँ

---

1. असुरक्षित 2. शोक करने वाली

चाँद रुकता है.......

चाँद रुकता है न आती है सबा[1] ज़िंदाँ[2] के पास
कौन ले जाए मिरे नामे मिरे जानाँ के पास

अब बजुज़ तर्क-ए-वफ़ा[3] कोई खयाल आता नहीं
अब कोई हीला नहीं शायद दिले नादाँ के पास

चंद यादें नोहा गर हैं खीमा-ए-दिल[4] के क़रीब
चंद तस्वीरें झलकती हैं सफ़े-मज़गाँ[5] के पास

शहर वाले सब अमीर-ए-शहर की मजलिस में हैं
कौन आयेगा ग़रीब-ए-शहर ना पुरसाँ के पास?

लोग क्यों करते हैं अब चारा-गरी के तज़किरे
अब बजुज़ हर्फ़-ए-तसल्ली क्या है ग़म-ख़्वारों के पास?

---

1. हवा 2. जेल 3. प्यार छोड़ने के अतिरिक्त 4 दिल के अंदर 5. असन्तुष्ट आंखें

आशियाँ गुम-कर्दा

आशियाँ गुम-कर्दा[1]

अजब मंज़र स्वादे-शाम के आँखों में फिरते हैं
हवा सूरज की मशाल को जलाती है बुझाती है

उफ़क़[2] पर कितनी तस्वीरें उभरती हैं बिखरती हैं
शफ़क़ में आशना चेहरों की रंगत फैल जाती है

तो दामाने नज़र[3] में बे-मुहाबा[4] फूल खिलते हैं
तो जैसे जू-ए बारे यादे याराँ गुनगुनाती है

वो हमदम मुझ को हैरान-ओ-परेशान ढूँढते होंगे
कि जिन की महरबाँ आँखों में शबनम झिलमिलाती है

क़फ़स[6] में रौज़ने दीवार-ओ-ज़ख़्मे दर[7] नहीं लेकिन
नवाये ताईराने आशियाँ गुम कर्दा आती है

---

1. बेघर पक्षी 2. सूर्य निकलने के समय की लाली 3. पुरानी स्मृतियां 4. बहुत अधिक 5. प्रीतम की याद 6. पिंजरा 7. टूटा दरवाजा

हर्फ़ और हुक्म

हर्फ़ और हुक्म

शायर दीवाना अलबेला
बे-दर बे-दरबार अकेला
हर्फ़-गरी[1] मज़हब उस का है
दुनिया का दुख सब उस का है

सच कहता है दुख सहता है
दुख सहता है सच कहता है

आमिर[2] के लाखों दरबारी
उस से खाईफ़ खल्क़त[3] सारी
तबल-ओ-अल्म[4] शमशीर उसी की
ख़्वाब उस के ताबीर उसी की

फिर भी शायर से डरता है
सच्चे हर्फ़ों से मरता है

---

1. शब्दों का प्रयोग 2. शासक 3. प्रजा 4. डरावनी

क़ासिद कबूतर

क़ासिद[1] कबूतर

ये लहू
जिस से मिरे
शहरों के सारे रास्ते
गुलगूँ[2] हैं
और हर पैरहन का रंग उन्नाबी[3] है
कल के मौसमों
और आने वाले
सूरजों
का ज़मज़मा गर[4] है
चलो तुम ने तो
काली सुरखियाँ
मिक़राज़[5] कर डालीं
सुख़न नख़चीर[6] कर डाले
क़लम जंजीर कर डाले

---

1. संदेशवाहक 2. सजे हुए 3. गुलाबी 4. शोर 5. हटा देना 6. नष्ट करना

मगर अब उन हवाओं को भी रोको
जो तुम्हारे मक़्तलों की लालियाँ
और ताज़ा खूँ की ख़ुशबूऐं
और उन की आवाज़ें लिए
गलियों से
बाज़ारों से
शाहिराहों[1] से होकर
हर तरफ़
क़रिया-ब-क़रिया[2]
फैलती जाती है
नादानो!
हवायें नामा-बर[3] बनती हैं
जब क़ासिद कबूतर क़ैद होते हैं

---

1. रास्तों 2. क्रमानुसार 3. संदेश वाहक

पिछला पहर

पिछला पहर

न कहीं शहरे महरबाँ की हवा
न कोई यारे हमदम-ओ-दमसाज़[1]

न सरे-बाम ज़ुल्फ़े आवारा
न सरे राह चश्म-ए-फ़ितना तराज़

न कहीं का चाक दामानाँ[2]
न कहीं रू-ए-दोस्ताने[3] फ़राज़

न कोई बैते-बेदिल-ओ-ग़ालिब[4]
न कोई शैरे हाफ़िज़े शीराज़

न कोई शमा कुश्ता-ए-शब[5] है
न कोई अंदलीबे सीना गदाज़[6]

ख़िल्वत-ए-ग़म[7] न बज़्मे रुसवाई
न सवाले तलब न अर्ज़े नियाज़

चार सू इक फ़सीले बे-दर है
चार जानिब हिसारे बे-अंदाज़

नींद के ताईराने-बे-परवा[8]
शाख़े मिज़गाँ[9] से कर गए परवाज़

ऐसी वीरानियों से घबराकर
जब उठाता हूँ तेरी याद का साज़

तोड़ देती है सिलसिले सारे
पहरादारों की बदनुमा आवाज़

---

1. साथ देने वाला 2. दामन 3. मित्र 4. ग़लिब अथवा बेदिल की कविता 5. रात का बुझा हुआ दीपक

6. भरी छातियों वाली सुन्दरी 7. दुख भरा अकेलापन 8. नींद में परी 9. घरौंदा

दूसरी हिजरत

दूसरी हिजरत[1]

फिर मिरे मक्का से पैग़ाम्बर
हिजरत करके चला गया है
और अब फिर से
काबा के रम ख़ुर्दा बुत[2]
असनाम-ए-तलाई[3]
अपनी अपनी मसनद पर आ बेठे हैं
सच का लहू
उन के क़दमों में
उन्नाबी क़ालीन की सूरत बिछा हुआ है
कमख़्वाबी ख़ेमों के अंदर
बज़्म-ए-हरीफ़ाँ[4] फिर सजती है
किज़्ब-ओ-रिया की दफ़[5] बजती है

---

1. एक स्थान को छोड़कर दूसरे स्थान पर जाना 2. भागने वाली 5 मूरतें 3. स्वर्णित मूरतें 4. दुश्मनों की महफिल 5. धोखे की ढपला

अफ़रीयत

अफ़रीयत[1]

खौफ़ज़दा मायें
बच्चों को सीनों से लिपटाए
थर थर काँप रही हैं

बस्ती वाले कहते हैं
बरसों से
इस क़रिया[2] में
इक आदमख़ोर अफ़रीयत है
जिस के बहुत से चेहरे हैं
और जिस घर में भी
किसी सदा की शमा जले
या किसी दुआ का फूल खिले
वो सुब्ह से पहले
सारे घर को रखा जाता है

कितनी बार कई
दिल वाले

---

1. शैतान 2. क्रम

अपने दुखी सीनों में ग़म के जगर जगर अंगारे
और ज़ख़्मी आँखों में
जगमग जगमग तारे लेकर
उस अफ़रीयत की खोज में निकले

लेकिन अगली शाम
इस टेढ़ी तिछर्री पगडंडी पर
जो काले साँपों
और पीले काँटों वाले
जंगल को जाती है
उनके सर
उनके बाज़ू
उनकी आँखें
लहू लुहान
और अलग अलग और टुकड़े टुकड़े मिली हैं

उस मंज़र[1] की दीद से अब तक
बरती वालों के
मुँह पर
और आँखों पर
ख़ुद उनके अपने हाथ धरे हैं

____

1. दृश्य

हवाओं की बशारत

हवाओं की बशारत[1]

तमाम माओं के होंट पत्थर हैं
और आँखों में ज़ख़्म हैं
और दिल तपकते हैं
रात कहती है
उनके बेटों को
शब गए[2]
चंद लशकरी
साथ ले गए थे

तो अब तलक उन की वापसी की ख़बर नहीं है
न वापसी का गुमान रखना
हवायें सहमे हुए चिरागों से कह गई थीं

और आने वाली रुतों के आग़ाज़[3] तक
तुम्हारे नसीब में रोशनी का कोई सफ़र नहीं है
ये मायें पत्थर बनी रहेंगी
और उनके आँसू जमे रहेंगे
और उनकी आहे थमी रहेंगी
न जी सकेंगे
न मर सकेंगे

---

1. सन्देश 2. पिछली रात 3. आरम्भ

जाते साल की आख़री शब है

जाते साल की आख़री शब[1] है

जाते साल की आख़री शब है
चहल चिरागों की रोशनियों में
बादा-ए-गिलगों[2] की रंगत से
जगुर जगुर करते पैमाने

जैसे जाते साल की घड़ियाँ
जैसे दिये से पवन की चाहत
जैसे दीद की आखरी साअत
जैसे टूटती सोच की कड़ियाँ

आओ आखरी रात है साल की
दिल कहता है शौक़-ए-विसाल[3] की
सब शम्में सारी ख़ुश्बूयें
तन मन में रस बस जाने दें
ये जो लहू से अब्र उठा है
आज की रात बसर जाने दे

---

1. रात 2. शराब जैसा रंग 3. मिलन की चाहत

ख्वाब अगर झूटे होते हैं
कब सच्ची ताबीरें होंगी
हाथों में गुलदस्ते लेकिन
पांव में जंजीरें होंगी

देखो आज की रात सितारे
चुप बेठे आकाश किनारे
जाग रहे हैं सोच रहे हैं

जाते साल की आखरी शब है
कल का सूरज कैसा होगा

www.ingramcontent.com/pod-product-compliance
Lightning Source LLC
LaVergne TN
LVHW070048150726
843364LV00049B/1873